AF557653

Epee Edition
Premier tirage septembre 2017

Traduit de l'anglais (américain) par Jean Aurimond

Éditeur : Epee Edition e.K., Kehl a.Rh., Allemagne
Conception graphique : Nicolas Emmert
Image couverture : Drapeau du 13. DBLE © Légion Étrangère

ISBN 978-3-943228-46-9

www.epee-edition.com

LA
LÉGION ÉTRANGÈRE
EN INDOCHINE

Mémoires de guerre
avec un regard sur l'histoire

Michael Kaponya

TABLE DES MATIÈRES

PRÉFACE

Le temps court, le temps vole. Les années se transforment en décades et en siècles, sans même que nous en prenions conscience. Je ne fais pas spécialement référence à ma propre vie mais à notre passé, à notre futur, et à l'avenir de nos enfants. Ce livre contient mes mémoires en évoquant ceux de mes proches qui ont combattu pendant la Première Guerre Mondiale, puis ma propre vie pendant la Deuxième Guerre Mondiale, et mon entrée dans le 20ème siècle, en soulignant mes années de service à la Légion Étrangère Française et ma participation à ce qu'il est convenu d'appeler La Première Guerre d'Indochine.

En premier lieu, j'écris ce livre à la mémoire de mes camarades de la Légion Étrangère Française qui ont combattu à mes côtés en Indochine, et spécialement de ceux qui sont tombés au champ d'honneur. Mais j'aimerais aussi rendre hommage à ceux qui ont combattu avant et après nous, entre 1862 et 1975, Français, Vietnamiens, Américains, et autres soldats alliés, au service de la sécurité des populations indochinoises et de l'Asie du Sud Est, en général.

Bien qu'ayant eu la chance de découvrir une grande partie du monde, en vivant dans six pays différents et en en ayant visité quelque quarante, certains environ trente fois, je dois reconnaître que mon passage en Indochine représente une période marquante de ma vie. Non seulement il m'a permis de me forger une opinion personnelle, mais il m'a aussi aidé à acquérir une meilleure compréhension de ce qui nous guide pendant et en dehors des guerres, et comment les revirements politiques et les erreurs stratégiques peuvent influencer notre existence.

Dans ce livre, ce qui relève de la destinée et ce qui dépend de notre propre volonté, sont intimement imbriqués. Comment distinguer ce qui provient de l'intervention divine, de la prémonition, et tout simplement de la chance ou de l'accident ? Je laisse au lecteur le soin de parvenir à ses propres conclusions.

Aux anciens de la Légion porteurs de l'insigne « Extrême Orient », aux autres soldats qui ont partagé la même expérience des marécages du Delta du Mékong, de la jungle, foulant le sol jaunâtre du Tonkin, à nos amis et supporteurs, je souhaite à tous de passer un moment fort en lisant ces histoires du passé.

Michael Kaponya
Lincolnton, Caroline du Nord
Octobre 2016

La gloire aux soldats tués au combat.

I

Événements antérieurs à la réorganisation, en 1945, de la présence française en Indochine

La Légion Étrangère Française en Indochine (1883-1945)

La Légion Étrangère Française a été fondée par le Roi Louis Philippe, le 9 mars 1831. Des unités de mercenaires étrangers servaient en France avant cette date mais elles devaient être autorisées par leur gouvernement respectif. La nouvelle Légion était ouverte à tous les volontaires étrangers désireux de servir sous le drapeau français, sous le commandement d'officiers français. De 1831 à 1945 (fin de la seconde guerre mondiale), la Légion Étrangère Française a servi avec la devise Honneur et Fidélité et a combattu dans les pays suivants : Algérie, Espagne, Maroc, Russie, Italie, Mexique, France, Chine, Dahomey (Bénin), Soudan, Madagascar, Serbie, Syrie, Tunisie, Norvège, Égypte, Libye, Allemagne, et Indochine. Le drapeau le plus décoré de l'armée française est celui du Troisième Régiment d'Infanterie de la Légion Étrangère.

La France a occupé les territoires indochinois de Cochinchine, du Cambodge, d'Annam, et du Tonkin, entre 1862 et 1884. En 1887, ces territoires ont pris le nom d'Union Indochinoise, plus connue sous celui d'Indochine Française.
Le Laos a été ajouté à cet ensemble en 1893.

La population du Tonkin, du Laos, d'Annam, et de Cochinchine est de lointaine origine mongole. Les Cambodgiens sont quelque peu différents. Aux temps anciens, tous ces territoires étaient désignés par les Chinois comme Annam et la population était désignée comme Annamites. Pour cette raison, les Français les ont tous désignés, à l'exception des Cambodgiens, sous le nom d'Annamites. L'usage du mot Vietnam est devenu officiel en 1945 et avait alors un sens politique. C'est seulement au cours des décades suivantes que le mot Vietnamiens est devenu populaire et pour finir légal.

La Légion était bien entraînée en participant aux guerres du 19ème siècle, en Afrique du Nord et dans d'autres régions. Il était devenu évident que les troupes métropolitaines appelées, non habituées au climat et à l'environnement tropicaux, ne pouvaient pas être suffisamment efficaces. Alors, une armée coloniale incluant la Légion Étrangère, a été formée. Entre 1883 et 1901, la Légion a déployé 17 809 hommes en Indochine, dont environ 3 000 sont morts au combat.

Au Tonkin, seulement une petite partie du Delta du Fleuve Rouge était accessible en 1883. Les hauts plateaux et les montagnes avoisinantes étaient sous le contrôle de la redoutable Armée du Pavillon Noir, d'origine chinoise.

Le 8 avril 1883, avec le concours des autres troupes coloniales, 600 légionnaires débarquent au Tonkin et sécurisent Hanoï. Dans la foulée, les Forces Françaises attaquent la ville fortifiée de Son Tay, occupée par le Pavillon Noir, et tuent ou forcent à la retraite environ 25 000 soldats chinois.

En 1885, trois bataillons supplémentaires de la Légion arrivent et engagent le combat avec la tenace Armée du Pavillon Noir, le plus remarquable se situant à Tuyen Quang, où ils doivent faire face à 20 000 Chinois. À ce moment, l'Armée régulière chinoise rejoint les unités du Pavillon Noir. La même année, un bataillon de la Légion procède à une invasion de Formose, interrompue en 1886 par l'Armistice franco-chinois qui met un terme à l'occupation.

Malgré l'accord de paix, la guérilla menée par le Pavillon Noir, les pirates, et des gangs plus ou moins éphémères, continuera jusqu'en 1914. En 1918, une nouvelle période de troubles prit place, jusqu'à la première révolte de l'Annam, d'inspiration communiste, matée en 1930. Des années relativement calmes suivirent cet incident jusqu'en 1939, date du début de la Deuxième Guerre Mondiale en Europe.

- * -

Événements ayant conduit aux guerres d'Indochine du Vingtième Siècle

Avant la Seconde Guerre Mondiale, les empires Français et Britannique, occupaient la majeure partie du globe ; selon la formule fameuse, *« le soleil ne se couchait jamais »* sur leurs territoires.

Des prémices au changement avaient déjà pris naissance en 1919, quand Lénine avait fondé le Comintern, l'Internationale Communiste, dont le but était de combattre « par tous les moyens disponibles, incluant l'usage de la force armée, la bourgeoisie internationale, en créant une République Soviétique Internationale, comme étape transitoire à l'abolition complète de l'État » Venus du monde entier, 38 partis et organisations communistes y participèrent.

À Moscou, l'un des participants était le Vietnamien Ho Chi Minh (il devait utiliser plusieurs pseudonymes), qui devint membre du Comintern et le principal artisan de la guerre à outrance en Asie. En 1924, il participa à la cinquième conférence du Comintern. Avant son arrivée à Moscou, il vivait en France et, en 1920, il devint l'un des fondateurs du Parti Communiste Français, œuvrant pour l'indépendance de l'Indochine Française.

En 1925 et en 1926, Ho Chi Minh, partage son temps entre la Chine et le Tonkin, semant les germes du soulèvement en Indochine. En 1930, après plusieurs années de voyages et d'activités diverses, il fonde à Hong Kong, le Parti Communiste Indochinois, mais ses tentatives de troubles en Annam échouent et le contraignent à emprunter la voie souterraine.

Pendant la Deuxième Guerre Mondiale (1939-1945), la propagande a llemande et japonaise s'efforce d'appuyer les mouvements d'indépendance dans les colonies françaises et britanniques, en s'alliant à leur cause, pour des raisons politiques évidentes. Par ailleurs, diverses organisations indépendantistes voient le jour, pendant cette période, dans l'ensemble des colonies.

Le Japon occupe l'Indochine Française en septembre 1940, mais laisse en place le gouvernement de Vichy (allié de l'Axe), sous le commandement de l'Amiral Jean Decoux. Les troupes françaises sécurisent alors la frontière chinoise et maintiennent leurs bases dans l'ensemble de l'Indochine.

En novembre 1940, pendant les tensions entre Français et Thaïs, à propos du Cambodge, la première révolte communiste a lieu en Cochinchine. La Légion Étrangère Française attaque sans merci, tuant ou capturant des milliers d'insurgés et de sympathisants.

En 1941, Ho Chi Minh retourne vers une zone plus sûre, comme Cao Bang, au Tonkin et, avec l'aide des Soviétiques et des Chinois, fonde une armée forte de 10 000 hommes, puissamment équipée : le Viet Minh (Front pour l'Indépendance). Il établit des camps d'entraînement en Chine, près de la frontière tonkinoise, avec le support du Kouo-Min-Tang et, dès janvier 1942, reçoit même l'aide et des armes de l'OSS (Office of Strategic Services) américain. La tribu Tho, au Tonkin, lui donne également assistance. Plus tard, il établit une base secrète en Cochinchine, à My-Tho, près de Saïgon. Pendant cette période, le Kouo-Min-Tang et les forces communistes chinoises, mettent entre parenthèse leur rivalité et s'allient, jusqu'en 1945, contre leur ennemi commun : le Japon.

Le Viet Minh n'est pas le seul à fomenter des troubles. De nombreux autres groupes et organisations, comme *Les Révolutionnaires Annamites*, Hoa-Hoa, Cao Dai, mouvements nationalistes, trotskistes, les guérillas chinoises et des pirates... voient le jour. La Légion Étrangère Française a alors pour tâche de les repousser vers des zones marécageuses et vers la frontière chinoise.

Dans le but d'unir et de contrôler certaines de ces différentes organisations révolutionnaires, le Kuomintang chinois crée la Dong Ming

Hoi (DMH pour Ligue Vietnamienne Révolutionnaire). Débutant en 1941, plusieurs camps d'entraînement à but militaire, de propagande, et d'espionnage, sont établis en Chine. Plus de huit bataillons sont entraînés à des tâches militaires et plusieurs centaines d'hommes reçoivent une formation à la propagande et à l'espionnage.
En Décembre 1941, Pearl Harbor est attaqué par le Japon, et les États-Unis entrent en guerre.

À ce moment, la situation en Indochine n'est pas sérieusement affectée. Il y a quelques démonstrations politiques pour l'indépendance, une expansion de la propagande communiste, et quelques troubles armés, mais il s'agit plus de manifestations anti-françaises que d'événements d'inspiration japonaise.

Des conditions météorologiques défavorables au Tonkin et dans le nord de l'Annam, provoquent une famine qui favorise, en 1944, une révolte d'inspiration communiste. Celle-ci est matée par la Légion Étrangère Française mais l'absence de vivres provoque la mort d'environ un million de personnes.

En 1945, les forces alliées libèrent la France ; le Général de Gaulle prend le pouvoir et dépose celui, collaborationniste, de Vichy. Cette victoire risquant d'avoir des répercussions en Indochine, les Japonais opèrent, le 8 mars, une intervention qui prend les Français par surprise. Ils désarment les troupes françaises et placent en détention les administrateurs français. Néanmoins, quelque 4000 soldats français, dont plusieurs légionnaires, réussissent à s'échapper vers la frontière chinoise, dans des conditions très dures. Les Japonais réinstallent alors l'Empereur Bao Dai, à Hue.

C'est à cette époque que le nom *Vietnam* est officiellement adopté, incluant le Tonkin, l'Annam, et la Cochinchine. Cette désignation est institutionnalisée par les deux parties, Bao Dai, d'un côté, Ho Chi Minh, de l'autre. Le Viet Minh est alors impliqué dans tous ces développements et se trouve engagé dans la lutte contre les Japonais. L'OSS américain intervient dans ce sens en lui fournissant des armes.

Pendant ces temps dangereux et difficiles, mon ex-épouse, Nicole, et ses deux sœurs, âgées d'une dizaine d'années, étaient scolarisées dans une école catholique pour filles, à Dalat, en Annam. Par chance, cette région dépendait du seul général catholique de l'armée japonaise... Celui-ci plaça des gardes autour de la ville. Les enfants furent ainsi protégées et retournèrent saines et sauves en France, ainsi que leur mère. Malheureusement, leur père, responsable financier du gouvernement de Vichy, fut mis en détention dans un camp japonais où il mourut faute de soins médicaux.

Le 15 août 1945, le Japon est vaincu par les forces alliées. Le 23 août, à la conférence de Postdam, les Alliés décident que les troupes chinoises occuperont la partie nord de l'Indochine, jusqu'au 16ème parallèle, et que la Grande Bretagne en occupera la partie sud. Le même jour, 23 août, l'Empereur Bao Dai abdique. Et, tenant compte de ce vide politique, la police militaire japonaise est autorisée à maintenir l'ordre.

Le Viet Minh, lors d'une réunion à Tan Chau, décide d'occuper l'ensemble du pays. En l'absence de gouvernement, les communistes plantent bientôt leur drapeau à Hue, Hanoï, et Saïgon ! Et le 2 septembre 1945, Ho Chi Minh déclare l'indépendance de la République Démocratique du Vietnam.

Peu après, les autorités britanniques se mettent en place. Une parade du Viet Minh est organisée mais elle crée des troubles au cours desquels 2 Français et 20 Vietnamiens sont tués, et 143 blessés. La police militaire japonaise est appelée pour rétablir l'ordre...

En octobre 1945, sous le commandement du général Philippe Leclerc de Hautecloque, les troupes françaises débarquent à Saïgon et prennent la relève du contingent britannique. Les Chinois, placés sous l'autorité de Tchang Kai Chek, se retirent du Tonkin, et prennent part à la guerre civile conduite par le président Mao Tse Tung. Ho Chi Minh prend la présidence de la République Démocratique du Vietnam, le 2 mars 1946.

De très longs entretiens ont lieu entre Ho Chi Minh et les Français, de Juillet à Septembre 1946, à Fontainebleau, sans aboutir à un accord. En

Novembre, la flotte française attaque Haiphong ; en Décembre, à Hanoï, Ho Chi Minh déclare la guerre à la France. Sous la pression du Corps Expéditionnaire Français, le général Vo Nguyen Giap et ses partisans du Viet Minh, trouvent refuge dans les régions montagneuses du nord. Les Français occupent toutes les grandes villes et les zones rurales. Cependant, le Viet Minh reste fort dans les régions éloignées.

L'Union Indochinoise (Tonkin, Annam, Cochinchine, Cambodge, et Laos), est rétablie par les Français mais la désignation du Tonkin, de l'Annam, et de la Cochinchine, cède la place à celle du Vietnam.

Au même moment, le nouveau gouvernement français rétablit son contrôle sur toutes ses colonies. Cependant, les populations du Maroc, de l'Algérie, et de la Tunisie, bien que pas encore hostiles, ne font pas preuve d'un grand enthousiasme. Le problème majeur vient de ce que l'Indochine a été fortement influencée par le Viet Minh, avec le soutien de l'Union Soviétique, suivie par la Chine, et par un puissant Parti Communiste Français.

Les Français réorganisèrent leur armée coloniale après 1945. L'élite de cette armée était la Légion Étrangère, avec environ 50 000 hommes ; mais de nombreux soldats français (en dehors des troupes métropolitaines) et arabes d'Afrique du Nord, de même que venant des colonies d'Afrique noire équatoriale, étaient enrôlés dans des unités spéciales, comme les Tirailleurs. La Légion (principalement l'infanterie) était déployée en Afrique du Nord, à Madagascar, et en Indochine. Leur quartier général était à Sidi-Bel-Abbes, en Algérie et, en France, au Fort Saint-Nicolas, à Marseille.

- * -

Mon parcours vers la Légion Étrangère (1944-1948)

À la fin de la 2ème guerre mondiale, ma mère, veuve, et moi-même, nous nous réfugiâmes en Bavière, alors incluse dans la zone d'occupation américaine. Après avoir gagné la bataille de chars de Debrecen, en octobre 1944, l'Armée Rouge approchait de Budapest, cité qui était bombardée jour et nuit. Nous décidâmes de fuir la zone des combats et de quitter la Hongrie, en novembre 1944, pour le Sudetenland. Le voyage en train prit plus d'une semaine (au lieu d'environ 15 heures...) en raison des attaques aériennes et de la priorité donnée aux transports militaires. L'inscription : *« Räder müssen rollen für den Sieg ! »* (Les roues doivent rouler pour la victoire !) était peinte sur les wagons.

En avril 1945, tandis que les bombardements se poursuivaient sur Dresde, distante d' environ 150 km, à vol d'oiseau, du lieu où nous étions, tuant environ 135 000 civils, et alors que l'armée soviétique approchait, en provenance de Silésie, nous décidâmes de poursuivre notre route vers la Bavière. Ce n'était pas facile car il n'y avait pas d'horaires pour les trains. Ou s'il y en avait, ceux-ci étaient bondés jusque dans les couloirs, les toilettes, et même entre les wagons. De plus, des bombardiers et des avions de chasse prenaient pour cible tout ce qui bougeait...

Un bon exemple est ce qui nous arriva dans la ville industrielle de Plzen. Le train s'arrêta soudain car tous les rails aux abords de la ville étaient détruits. Alors, ma mère et moi, nous prîmes nos deux lourdes valises et suivîmes la foule que nous présumions connaître le chemin donnant accès à l'autre côté de la ville où existaient peut-être encore des rails et des trains en état de fonctionner. La ville, autant que nous pouvions en juger, était un champs de ruine. Nous devions marcher au milieu des décombres. Par une chance miraculeuse, nous aperçûmes ce qui ressemblait à une voiture d'enfant ! Elle était un peu déformée mais les quatre roues fonctionnaient. Nous plaçâmes nos valises sur le dessus et cela nous fut d'un grand secours. Arrivés à l'autre extrémité de la ville, après avoir marché pendant des kilomètres, nous arrivâmes à un croisement où affluaient des réfugiés, principalement des paysans, certains en voiture, la plupart avec des charrettes à cheval, et beaucoup à pied.

Soudain, des avions de chasse apparurent à l'horizon, descendirent en piqué et ouvrirent le feu ! Les « courageux » pilotes devaient avoir confondu les colonnes de réfugiés avec celles de militaires allemands en retraite, avec chars, camions, et artillerie ! Qu'en était-il vraiment ? Par chance, ma mère et moi nous trouvions près d'un souterrain où nous nous réfugiâmes pendant que les chasseurs poursuivaient leur œuvre destructrice. Après l'attaque, nous émergeâmes et découvrîmes l'étendue des massacres. Ce qui m'a le plus frappé, c'est un cheval debout devant sa charrette. Son sang giclait de ses blessures, comme un véritable tuyau d'arrosage ! Quant aux gens, je vous laisse imaginer...

Bien des années plus tard, quand j'étais marié, je n'ai jamais touché un mot de ces massacres ni à ma femme ni, encore moins, à ma fille. Pourtant, alors que celle-ci allait sur ses dix ans, elle me dit faire périodiquement des cauchemars. Quand je lui demandais des précisions, elle me décrivait les massacres dont j'avais été le témoin à Plzen, avec notamment l'épisode du cheval. Je la calmais de mon mieux mais, à ce jour, je n'ai toujours pas compris comment ces détails tragiques avaient pu être transmis à mon enfant ?

Finalement, nous arrivâmes en dehors de la ville et trouvâmes un train en partance pour Passau. Hélas, il était bondé. Deux officiers allemands approchant, ma mère leur demanda de nous aider à monter à bord. Ce qu'ils firent obligeamment et nous nous retrouvâmes assis dans un compartiment. Ils nous dirent qu'ils montaient vers les Alpes où une redoute était en préparation. (Je devais apprendre plus tard qu'elle n'avait pas eu lieu.) En regardant par la fenêtre, j'aperçus des soldats creusant leurs tranchées. L'Armée Rouge approchait.

Nous arrivâmes à Passau, subîmes d'autres attaques aériennes, et atteignîmes notre destination finale, en camion. Sur le chemin, nous vîmes un soldat allemand pendu à un arbre. Un morceau de carton était épinglé sur sa poitrine avec l'inscription : « *Il ne trouvait pas son unité !* ». C'est ainsi qu'étaient traités les déserteurs.

Quand la guerre prit fin, en mai 1945, il était hors de question pour nous de retourner en Hongrie. Nous savions que le gouvernement communiste confisquerait tous nos biens et nous réserverait un accueil hostile, en raison de l'activité de mon défunt père contre le régime communiste après la première guerre mondiale. La plupart des officiers qui tentaient de revenir était immédiatement tués alors qu'ils franchissaient la frontière hongroise. Mais quelques-uns y retournaient en me disant, comme mon meilleur ami, que si tous les patriotes s'exilaient, il n'y aurait pas de futur pour notre pays. Néanmoins, ma mère et moi décidâmes de rester à l'abri dans la zone d'occupation américaine.

Je réintégrais le collège à Munich (Je parlais couramment allemand) et j'appréciais ce nouvel environnement, mais la vie était loin d'être facile. Partout sévissait le rationnement alimentaire et vestimentaire, et pratiquement rien ne pouvait être acheté avec une monnaie, le Reichsmark, fortement dévaluée. En conséquence, le marché noir faisait florès. En comparaison avec aujourd'hui, un œuf coûterait 5E et un paquet de cigarettes 100E. Les achats se faisaient sous forme de troc, ou en utilisant l'or, l'argent, les diamants, ou les US dollars. Après l'obtention de mon diplôme au collège, je pensais entrer à l'université, ce à quoi ma mère et d'autres adultes m'encourageaient, mais il fallait bien se rendre à l'évidence : un travail acharné et une bonne éducation ne les empêchaient pas d'être dans le besoin. Seuls les adeptes du marché noir tiraient leur épingle du jeu.

À tort ou à raison, j'étais fatigué de ce mode de vie (même si j'avais de bons amis avec lesquels j'aimais aller danser et prendre du bon temps), et j'imaginais une autre existence qui me permettrait de réaliser mes rêves d'aventures, tout en découvrant le monde. C'est ainsi que la Légion Étrangère Française me vint à l'esprit. Ce choix allait devenir le tournant de ma vie.

À la réflexion, bien des années plus tard, un autre facteur était entré en jeu. Les générations nées en Europe Centrale, entre les deux guerres mondiales, avaient grandi dans un environnement de grande incertitude. Chacun d'entre nous savait que la guerre était finie mais ses répercussions étaient toujours présentes. La plupart d'entre nous avaient des proches qui avaient combattu à la guerre ou qui y avaient perdu la vie. (J'y ai moi-même perdu l'un de mes grands-parents.) Nous avions subi les conséquences du Traité de Versailles et du Trianon avec le morcellement de certains de nos pays. La devise, en Hongrie, était : « *Nem, nem, soha !* » (Plus jamais!) Psychologiquement, ces générations avaient grandi dans le respect des valeurs militaires ; et quand la Seconde Guerre Mondiale prit fin, ce ne fut, pour elles, ni un choc ni une grande surprise. La guerre devint presque banale. Alors, pour de nombreux jeunes gens, qu'ils aient ou non servi dans l'armée pendant la guerre, rejoindre la Légion Étrangère était comme la poursuite logique de ce qu'ils avaient vécu.

- * -

II

Mon service à la Légion Étrangère Française (1948-1953)

Villingen-Marseille-Algérie-Maroc (1948-1949)

Après nous être concertés, mes amis Hans, Reinhold et moi, décidâmes de prendre le train pour Villingen, en Zone Française, où nous pourrions nous enrôler à la Légion. Nous subîmes un examen médical satisfaisant pour Hans et moi. Reinhold, un ancien marin, ne fut pas accepté car il avait une grande cicatrice due à une opération de l'appendicite bâclée, à bord d'un sous-marin allemand croisant dans le Golfe du Mexique. (Heureusement pour lui, il trouva un emploi dans une ville proche.) J'appris plus tard que les anciennes blessures et cicatrices avaient tendance à apparaître au cours des navigations dans la Mer Rouge, autrement dit, lors du passage d'un climat tempéré à un climat tropical, à cause de la pression sanguine.

Je passais quelques jours à Kehl et à Offenburg où je fus interrogé par un sergent-chef d'origine hongroise, très cordial. Quand je lui fis part de mon souhait de servir dans les parachutistes, il m'expliqua que le taux de survie y était proche de zéro et qu'il était préférable de choisir l'infanterie où le risque n'était que de un sur quatre. Je suivis son avis et écrivis une lettre à ma mère dans ce sens. Je fus officiellement enrôlé à la Légion, le 12 novembre 1948, avec un contrat de cinq ans.

- * -

DCLE-Marseille

Notre groupe d'une cinquantaine d'engagés prit le train pour Marseille et gagna le Fort Saint - Nicolas, un édifice médiéval, situé à droite de l'entrée du Vieux Port, au centre de Marseille. La désignation officielle du Fort était DCLE (Dépôt commun de la Légion Étrangère).

Parmi les nouvelles recrues, une centaine venait des bureaux d'engagement situés aux frontières allemande, espagnole, italienne, entre autres. La majorité d'entre nous, environ 60%, étaient allemands ; le reste venait de toute l'Europe. Les groupes qui parlaient la même langue avaient tendance à se regrouper, mais sans animosité envers les autres. Nous étions dotés d'un solide appétit et gardions sans cesse un œil sur les rations distribuées. La langue officielle était le français mais nos supérieurs et les « traducteurs » laissaient aller les conversations.

Nous subîmes un nouvel examen médical, plus sérieux, et fûmes interrogés par le BSLE (Bureau Statistique de la Légion Étrangère), sur notre profil. Théoriquement, à cette époque, tout homme de vingt à trente-cinq ans, de toutes nationalités, sauf française, et en fonction de son profil, pouvait signer un engagement et même changer de nom. La réalité était quelque peu différente.

En 1948, la première tâche était d'éliminer les criminels notoires, ainsi les hommes qui avaient activement collaboré avec les forces allemandes d'occupation contre la Résistance Française et/ou qui étaient marxistes /léninistes. Quelques Français furent acceptés en se faisant passer pour Belges ou Suisses. (Je fus, personnellement, admis à l'âge de 18 ans parce que j'avais la permission de ma mère.) La sélection était stricte, spécialement du point de vue santé ; environ 60% des candidats furent refusés et renvoyés à la frontière dont ils venaient. Je ne pouvais alors imaginer que quatre ans plus tard, je deviendrais moi-même l'un des interrogateurs du BSLE.

- * -

Algérie

Le 22 décembre, nous embarquâmes à bord du SS *Djebel Amour*, pour une traversée agitée de trente-six heures sur la Mer Méditerranée. Alors que nous quittions Marseille, la fameuse île du Château d'If (Célébrée dans le Comte de Monte Cristo) nous apparut et, plus tard, les Îles Baléares. Nous accostâmes à Oran (Algérie), le 24 décembre, la veille de Noël, et nous fûmes transférés au quartier général de la Légion, à Sidi-Bel-Abbès, fondé en 1843. Ce vaste ensemble de bâtiments comprenait, en son sein, un impressionnant Monument aux Morts gardé par des légionnaires revêtus d'anciens uniformes. En 1962, quand l'Algérie devint indépendante, ce monument fut démonté et suivit le retour de la Légion en France.

L'Algérie est habitée principalement par des Berbères et le Sahara par des Touaregs. La langue officielle est l'arabe et la majorité est musulmane sunnite. De nombreux Européens (surtout originaires de France, d'Italie, et d'Espagne), s'y installèrent au dix-neuvième siècle, développant l'agriculture et diverses industries.

La France envahit l'Algérie en 1830, au prétexte d'en chasser des pirates, et les combats durèrent jusqu'en 1847. En 1848, l'Algérie fut déclarée territoire français. Des soulèvements eurent lieu périodiquement, spécialement en 1910 et, plus sérieusement en 1954. La Légion Étrangère joua un rôle majeur dans tous ces combats dont le but était de maintenir l'Algérie sous obédience française. Le sort devait en décider autrement ; en 1962, un accord pour l'indépendance de l'Algérie fut signé, et la Légion se déploya en Corse puis en France métropolitaine.

Monument des soldats tués au combat à Sidi-Bel-Abbès.

Pour en revenir à mon histoire personnelle, quand j'arrivais en Algérie, en décembre 1948, nous fûmes assignés au CP3 (Compagnie Passage 3) et nous célébrâmes notre premier Noël à la Légion. Cette célébration consistait en un jour spécial de permission et en un repas amélioré, avec vin rouge à volonté. Les jours suivants, nous eûmes droit à des interrogatoires et à des examens médicaux supplémentaires, et nos cheveux furent coupés à ras. Nous subîmes également un test psychologique destiné à éliminer les hommes inadaptés au « champs de bataille tropical ». Les candidats qui ne satisfirent pas à ce troisième examen furent renvoyés par bateau jusqu'à Marseille, et de là jusqu'à la frontière avec leur pays d'origine.

Nous fûmes alors transférés au CP2 (Compagnie Passage 2), où l'on nous donna un uniforme (Mais pas encore le fameux képi blanc), des articles de toilette, et notre numéro matricule. Je reçu le numéro 61808, un chiffre que je ne devais jamais oublier. Nous reçûmes notre première solde, et, chaque jour, un quart de litre de vin, avec un déjeuner et un dîner, et un paquet de cigarettes. L'entraînement de base commença avec l'apprentissage des ordres en français. Comme beaucoup d'entre nous avaient déjà une expérience militaire ou paramilitaire, notre entraînement progressait rapidement. La discipline était stricte mais sans exagération. Nous reçûmes bientôt notre képi blanc et fûmes introduits officiellement à la Légion Étrangère Française avec la fière devise latine : « *Legio Patria Nostra* » (La Légion est notre Patrie).

Nos soirées étaient libres, jusqu'à une certaine heure. Sidi-Bel-Abbès était une cité commerçante à l'architecture mal définie, qui avait poussé autour du quartier général de la Légion, au dix-neuvième siècle. Nous nous contentions de marcher dans les rues, regardant les Arabes dans leurs vêtements traditionnels, en particulier les femmes avec leur visage voilé. Il y avait aussi de nombreux habitants d'origine européenne, appelés « pieds noirs ». Cette expression pouvait être due aux gens de modeste condition qui devaient marcher nu-pieds.

Nous fréquentions les bars français pour y boire un verre en écoutant de la musique arabe, ou nous allions au grand cinéma jouxtant la Légion. Et, bien sûr, nous nous égarions parfois dans le quartier réservé, à la recherche de la bagatelle. D'une façon générale, l'atmosphère était partout tranquille et sûre. Le contact avec la population locale pratiquement inexistant. Nous avions chacun notre monde.

- * -

Maroc

Pour mes trois mois d'entraînement, je fus assigné au Quatrième Régiment d'Infanterie, à Fez. Après un voyage inconfortable en train, mais où nous découvrîmes la vue magnifique sur les sommets enneigés des Montagnes de l'Atlas, nous arrivâmes à Fez, le 6 février 1949. Nous fûmes dirigés vers des bâtiments bien construits et bien gardés. Une discipline stricte mais dans une atmosphère cordiale, nous attendait.

En 1949, le Maroc était un royaume, sous protectorat français depuis 1905. La Légion Étrangère Française avait entretenu de nombreux contacts, en temps de paix et en temps de guerre, avec les Marocains comme avec les populations des régions alentour, depuis 1844. En 1956, la France renonça à ses droits sur le Protectorat. La Légion Étrangère Française quitta les lieux en 1957 et, en 1956, le Maroc retrouva son indépendance.

Fez est l'une des cités les plus fascinantes que j'ai eu l'occasion de découvrir. Elle est divisée en trois parties. Fez el Bali, la vieille ville, plus connue sous le nom de Médina. Architecture entièrement arabe, rues étroites inaccessibles aux voitures, ses murs étaient « décorés » avec des crânes de criminels exécutés. La Légion gardait les portes d'entrée et patrouillait dans les rues, mais n'était pas autorisée à y faire de simples visites.

Adjacente à la Médina, était Fez-Jdid, ou Nouvelle Fez, qui, en réalité n'était pas du tout nouvelle. Elle ressemblait à la Médina mais n'était pas entourée par des murs d'enceinte. Par chance, nous fûmes autorisés à visiter cette partie de Fez pendant nos temps libres.

Fez-Jdid avait des rues étroites, éclairées la nuit par quelques torches. Il n'y avait pas de voitures, seulement des charrettes à âne transportant de l'eau et des marchandises ; la plupart des gens étaient habillés de manière beaucoup plus colorée qu'en Algérie, notamment les femmes qui portaient de longs vêtements attrayants, avec des voiles de couleur dissimulant le bas de leur visage et leurs cheveux. Il était cependant possible de discerner l'expression de leurs regards !

La partie la plus « mystérieuse » de Fez-Jdid était le quartier juif orthodoxe désigné Mellah. On y trouvait des rues sombres et étroites, et quelques magasins casher. Les Juifs étaient tous vêtus de noir, avec leur barbe et leurs tresses se balançant alors qu'ils se pressaient sans doute vers l'ancienne synagogue. Certaines des rues reliées à la Médina et à la Nouvelle Fez, étaient parcourues par des groupes de moines-mendiants.

Parc à Fès.

La troisième partie de Fez était la Ville Nouvelle, ou quartier européen, bien dessinée et reliée aux parties anciennes de la cité par des parcs très attrayants. Là, on pouvait voir des filles marocaines marchant et riant ensemble, sous la surveillance d'un homme impassible muni d'un bâton... Pas de flirt possible ! La population autochtone, comme celle d'origine européenne, étaient beaucoup plus amicale à notre égard, que celle d'Algérie. En de nombreuses occasions, nous faisions même l'objet d'applaudissements.

Notre entraînement était dur, discipliné, et intense. Chaque matin, nous courions au moins sur un kilomètre, suivi par des heures de marches, de jogging, et d'exercices, avec un sac à dos chargé de pierres, et un fusil sur nos épaules. Dans le cas où notre section commettait une erreur, nous devions recommencer notre course. D'après le règlement, le supérieur ayant donné les ordres devait courir avec son unité ; il n'avait cependant pas à transporter de pierres ! Quand le sergent en charge n'était pas en grande forme, nous échappions à cette corvée.

J'étais, personnellement, dans une forme éblouissante. Je pouvais marcher pendant des heures, sans arrêt si nécessaire. Nous avions tous les jours des exercices de maniement d'armes et de grenades à mains. Comme j'étais généralement parmi les meilleurs tireurs, j'étais récompensé par des retours en camion plutôt qu'à pied, ce que j'appréciais beaucoup !

L'un de nos camarades, d'origine scandinave, excellait dans le lancement des grenades à main. Non seulement en matière de distance mais aussi de précision. Pourquoi nous était-il ainsi supérieur ? Un jour, il nous raconta son histoire. Il était berger, quelque part dans les montagnes, et tandis que son chien gardait le troupeau, il n'avait rien d'autre à faire que d'envoyer des pierres de différentes dimensions, à différentes distances. C'est ainsi qu'il devint un champion dans le maniement des grenades à main !

Une habitude appréciable pour nous consistait à faire la sieste traditionnelle, au moins pendant une heure après le déjeuner. Malheureusement, cette agréable pratique devait s'avérer impossible quand nous nous trouverions à l'heure de midi, au milieu des marécages d'Indochine !

Nous fîmes aussi des manœuvres dans les montagnes de l'Atlas, avec des mulets et d'autres montures du Sahara. À ma grande surprise, le sol était recouvert de pierres et de gravier, et non de sable. Nous dormions à la belle étoile et nous devions scruter attentivement autour de nous afin de repérer les scorpions cachés sous les roches.

Nous étions tous dans une excellente forme physique et nous comportions à merveille. Quelques-uns d'entre nous avaient servi dans différentes armes, dans la mafia, et autre. Mais personne n'est parfait. Par exemple, nous avons eu deux stupides déserteurs qui avaient l'intention de rejoindre la Légion Étrangère Espagnole. Ils n'y arrivèrent jamais et furent emprisonnés nus, dans une cellule, recouverts d'eau froide. Je n'ai aucune idée de ce qu'il advint d'eux, par la suite.

Aux alentours de Pâques, nous reçûmes une grande nouvelle : neuf mille légionnaires devaient être assignés en Indochine, tandis qu'un certain nombre d'entre eux, devaient rejoindre Madagascar. Nous étions tous excités à l'idée de partir en Indochine, plutôt que de rester à admirer le paysage et faire des travaux manuels. Nous étions comme les Janissaires turcs du Moyen Âge. (Je plaisante !) entraînés, dès l'enfance, à devenir soldats ! À ma déconvenue, je fus désigné pour rejoindre Madagascar, où il ne se passait pas grand-chose, à part quelques escarmouches.

Une simple remarque historique, quand les troupes françaises arrivèrent à Madagascar, en 1895, 5 749 soldats, sur 21 600, moururent de maladies et de chaleur tropicales !

En vue de notre prochain départ, nous dûmes subir différentes injections contre toutes sortes de maladies et fûmes mis à la diète. Bien sûr, j'avais terriblement faim ! Une nouvelle me consola. J'appris en effet que l'envoi d'autres hommes était réclamé pour l'Indochine et je saisis immédiatement cette opportunité en m'inscrivant. Je dus subir huit nouvelles injections et prendre des comprimés de quinine quotidiennement ! La plus douloureuse de ces injections était celle contre la peste noire (Il semblait que celle-ci soit encore répandue, à cause des rats, dans le Yunnan), une substance huileuse injectée dans la poitrine. J'eus également à suivre, de nouveau, une diète difficile à supporter pour mon estomac de 19 ans ! Pas de quoi se réjouir mais, au bout du compte, j'avais la perspective de vivre bientôt une grande aventure.

Peu de temps après, j'eus l'occasion, avec mes camarades, de participer à ma première « Célébration du 30 avril », en souvenir de l'une des batailles les plus héroïques livrées par la Légion Étrangère Française. Sur ordre de Napoléon III, des unités de la Légion Étrangère débarquèrent à Veracruz, au Mexique, en 1863. En vue de protéger la route vers Puebla, 62 hommes de la Troisième Compagnie du Premier Régiment, sous le commandement du capitaine Jean Danjou, furent cernés et attaqués par 800 cavaliers et 1 200 hommes de troupe, de l'Armée Mexicaine. Les légionnaires établirent leur position défensive dans l'hacienda de Camerone. Le combat incessant dura 10 heures, à 62 contre 2 000, ne cessant qu'après l'élimination de tous les légionnaires, à l'exception d'un. Les quatre derniers encore en état de se mouvoir, brûlèrent leurs dernières cartouches et, baïonnette au canon, se ruèrent dans la mêlée mexicaine. Aucun d'eux ne se rendit. En parlant des légionnaires, le commandant mexicain devait dire : « Ce n'étaient pas des hommes mais des démons ! ».

Le 8 mai 1949, notre unité quitta Fez, au son de notre orchestre militaire, acclamée par de nombreux civils. Un cavalier marocain, réglant sa vitesse sur celle de nos pas lents, s'écria : « Qu'Allah vous protège ! Et n'oubliez pas mon pays ! ». Ces paroles sont restées pour toujours dans mon cœur.

Bien des années plus tard, j'eus l'occasion de visiter de nouveau le Maroc. Alors que notre bus approchait de Fez, un superbe arc-en-ciel apparut à l'horizon, comme pour célébrer mon retour ! Le jour suivant, je pris un taxi et demandais au chauffeur de m'amener sur les lieux où s'élevaient les baraquements de la Légion. Hélas, je constatais qu'ils avaient été laissés à l'abandon et qu'ils étaient désormais recouverts de poussière. Je restais un instant immobile, me rappelant les temps anciens, avec nostalgie, et adressais mentalement à ces lieux délaissés, un dernier salut !

- * -

Algérie

En mai 1949, le voyage en train jusqu'à Sidi-Bel-Abbès, était très lent. À chaque arrêt, un orchestre militaire nous souhaitait la bienvenue. Nous arrivâmes le 10 mai et fûmes transférés au Parc à Fès, à la CP1 (Compagnie Passage 1). Nous fûmes ensuite affectés au Renfort E-49 pour l'Indochine. Les jours suivants furent consacrés aux activités de routine, et nous nous délassions le soir par des sorties en ville, y compris dans le *« quartier réservé »*.

Le 5 juin, nous prîmes le train pour Oran et passâmes la nuit dans les baraquements de l'Armée Coloniale, à l'intérieur de la citadelle d'Oran. Le matin suivant, nous étions regroupés, en rangs, dans cette citadelle. Il faisait très chaud. Quelques heures plus tard, alors que nous étions alignés face au soleil, le Général Ralph Monclar, Inspecteur Général de la Légion, plus connu sous le nom de *« Père de la Légion »*, arriva pour nous inspecter. Nous avions été prévenus qu'il s'adresserait à nous en nous appelant par notre nom, notre numéro matricule, et en précisant notre pays d'origine. Il s'adressa ainsi à un certain nombre d'entre nous, avec un *« sourire militaire »*, et répondit à quelques-uns dans leur langue maternelle. Je ne savais pas, alors, que ce fameux général cinq-étoiles français était né à Budapest, ma ville natale, dans le pays des invincibles Hussards !

- * -

Embarquement pour l'Indochine (1949)

Méditerranée

L'inspection de la Citadelle d'Oran par le Général Montclar pris quelques heures. Alors que nous marchions vers le port, il me vint à l'esprit que les premiers légionnaires furent envoyés au Tonkin entre 1883 et 1884, à l'occasion de la guerre avec la Chine et les redoutables membres du Pavillon Noir. Pendant l'inspection, avant leur départ, le Général Oscar de Négrier leur dit : « *Légionnaires, puisque vous êtes des soldats prêts à mourir, je vous envoie là où l'on meurt* ».

Quand nous arrivâmes au port d'Oran, nous trouvâmes deux bateaux à quai, un magnifique croiseur de la Marine Nationale et un autre vaisseau de beaucoup moins belle apparence. L'un de mes camarades me dit que c'était un « *liberty ship* », et que ce bateau allait nous amener, sur 17 500 milles nautiques, jusqu'à Saïgon. Le croiseur *Maréchal Joffre* transporterait les autres unités.

Sur le port, une clique de Sidi-Bel-Abbès jouait des marches de la Légion. Quelques femmes entre deux âges, du « Service Social » offraient des sandwichs et du café au goût salé car il n'y avait pas d'eau douce disponible à Oran. À cet instant, des camions arrivèrent avec notre équipement, et nous commençâmes à embarquer. Un regard sur une bouée de sauvetage m'apprit que nous étions à bord du SS Oyannox, de Dunquerque. Quelques marins, qui ressemblaient plutôt à des dockers, nous montrèrent le chemin vers la cale. Un grand escalier en bois de pin conduisait à un espace terriblement chaud contenant environ 30 rangées de couchettes superposées, sur trois niveaux. Au centre, il y avait plusieurs tables. Je remontais pour avoir un peu d'air et assister au départ. Nous faisions face à la cité grise, dépourvue de couleurs. Les remparts de la citadelle étaient recouverts d'inscriptions en énormes lettres blanches : « *Le peuple d'Algérie veut la paix avec le Vietnam !* ».

Nous n'en étions pas surpris car, comme un garçon près de moi, en fit la remarque : « *Ce sont les communistes, tu sais, ils sont partout* ».
« *Nous nous occuperons d'eux, tôt ou tard* », lui répondis-je. J'avais le sentiment que nous nous préparions à un long combat. Propagande et sabotages se développaient en France et personne dans le monde ne se souciait vraiment des deux bataillons de légionnaires sur le point de quitter Oran, en ce mois de juin 1949. Mais qu'importe, nous étions des soldats fidèles à notre drapeau !

L'Oyannox, maintenant, s'éloignait lentement du quai. La fanfare jouait toujours et quelques Arabes se tenaient à l'ombre des bâtiments, jetant un regard sans expression sur notre bateau. Nous passâmes l'extrémité du quai sur laquelle un jeune Arabe pêchait. Il se leva, cria quelques chose que nous ne pûmes comprendre, et mima plusieurs fois le signe de trancher la gorge. Ce fut notre dernière image de l'Algérie.

L'Oyannox était un rustique et vieux navire, sale sur l'ensemble du pont. Sa transformation, de cargo en transport de troupe, avait été plus que rudimentaire. Pas de ventilation, pas de cabines, pas d'eau douce pour se laver, à l'exception d'une heure par jour. Les douches et les toilettes étaient placées ensemble dans le même baraquement en bois, sur le pont. Pour l'ensemble des hommes, un seul robinet d'eau potable.

Heureusement, le spectacle était impressionnant. Comme le bateau était lent, nous étions constamment entourés par des dauphins. C'était un spectacle plaisant de les voir jouer. Nous voguions près de l'ile italienne de Pantelleria, où, selon nos camarades italiens, le Duce envoyait ses prisonniers. Plus loin, nous aperçûmes les côtes de Sicile avec de nombreux bateaux de pêche aux voiles rouges. Après quelques jours de traversée, nous arrivâmes à Port Saïd, en Égypte. Quelques heures d'attente, et nous nous engageâmes sur le canal de Suez. Nous reçûmes l'ordre de nous éloigner du bastingage et nous en apprîmes plus tard la raison. Occasionnellement, des déserteurs avaient pris l'habitude de sauter dans le canal avec l'intention de s'engager, pour une meilleure solde, dans la Légion Arabe de Jordanie ou même dans l'armée israélienne. Cette désertion devait probablement les conduire dans des camps de travaux forcés ou à être purement et simplement abattus dans le désert du Sinaï.

- * -

Canal de Suez

La température, dans le canal de Suez, intensifiée par le vent brûlant en provenance du désert, était littéralement intenable. Les douches ne fonctionnaient qu'à l'eau salée et chaude, et nous n'avions pas de savon personnel. Alors nous étions perpétuellement en sueur. Heureusement, l'équipage nous confectionnait des abris en lin afin de nous protéger du soleil. Malgré cela, la chaleur constante nous occasionnait des inflammations sur tout le corps. L'infirmerie étant à court de médicaments, il ne nous restait qu'à utiliser l'après-rasage comme antiseptique.

La nourriture, pendant le voyage, était passable mais peu variée. Tous les jours, nous avions le même ragoût avec une orange comme dessert. Pas vraiment un menu plaisant. Au moins avions-nous du vin avec les repas !

Après avoir traversé la Mer Rouge, nous atteignîmes Djibouti, en Somalie Française. Nous fûmes autorisés à descendre à terre et, même s'il y faisait atrocement chaud, je me rappellerai toujours le bien-être qui nous envahit en débarquant !

Nous ne cessions de nous arrêter aux restaurants et aux bars. Bien sûr, il n'y avait pas d'air conditionné mais nous y trouvions des boissons fraîches. Je me souviens que les autochtones s'écartaient de notre chemin quand nous marchions dans les rues. Pour quelles obscures raisons ?

- * -

Océan Indien

Nous laissâmes Djibouti derrière nous et voguâmes le long du golfe de Tadjoura, avec une brève escale à Aden. De nombreux bateaux nous entouraient avec des marchands nous proposant leurs marchandises. Je fus assez chanceux pour acheter un carton de cigarettes américaines pour environ 2 dollars 50 ! Les beaux jours ! Nous traversâmes ensuite le Golfe d'Aden et entrâmes dans l'Océan Indien.

Le jour suivant, le vent se leva et les vagues devinrent plus grosses, mais le navire poursuivait sa route. Graduellement, les vagues devinrent de plus en plus fortes et il fut de plus en plus difficile de marcher sur le pont. L'équipage installa des cordes mais, le lendemain, cela devint pire. Le ciel restait bleu mais les vagues atteignaient maintenant une hauteur impressionnante et le mal de mer faisait des ravages ; provoquant des vomissements. Naturellement, je n'échappais pas à la règle.

L'aire des couchettes étant devenu infréquentable, je décidais de rester sur le pont. Je finis par y trouver une lourde chaîne en acier posée en cercle. Je m'installais en son milieu, en position fœtale, et y restais ainsi pendant trois jours. Un camarade qui était plus résistant, m'apportait de temps en temps des oranges. Les vagues atteignaient maintenant la taille de véritables montagnes ; le bateau perdit de sa vitesse, et fut secoué dans toutes les directions à cause de ces vagues monstrueuses. Le vaisseau paraissait une boite d'allumette comparée au Mont Everest ! Enfin, pas tout à fait mais presque. Le troisième jour, comme par miracle, je me sentis soudain mieux et mon mal de mer disparut. Je fus de nouveau capable de manger et de me mouvoir, bien que ce violent phénomène climatique ne fût pas terminé. Par chance, quelques jours plus tard, les vagues se calmèrent et le bateau poursuivit sa route sans problèmes. Nous entrâmes bientôt dans le Détroit de Malacca pour finalement arriver à Singapour.

- * -

Mer de Chine du Sud

Alors que le port de Singapour était en vue, nous aperçûmes un navire britannique se dirigeant vers nous. Quand notre bateau entra au port, deux officiers britanniques montèrent à bord pour parler avec notre capitaine. J'étais impressionné par l'uniforme blanc impeccable des Britanniques. Nous fîmes escale brièvement à Singapour et nous ne fûmes pas autorisés à descendre à terre. Néanmoins, j'achetais des bananes à un marchand ambulant et je n'en ai jamais mangé d'aussi délicieuses ! Après avoir quitté Singapour, nous entrâmes dans la Mer de Chine. Et le jour suivant, nous vîmes se profiler à l'horizon les montagnes du Cap Saint-Jacques, premiers regards sur l'Indochine Française ! Vive la France !

Nous prîmes au nord sur la rivière Saïgon et, alors que je me tenais à l'avant du navire, je vis deux natifs agitant frénétiquement leurs bras. L'équipage de notre vaisseau les ignora et leur embarcation fut fracassée, disparaissant dans les vagues. Pourquoi le souvenir de ce tragique accident me vient-il à l'esprit comme un symbole de mon premier contact avec l'Indochine ? Prémonition de ce qui allait arriver ? Nous débarquâmes à Saïgon, le 9 juin 1949.

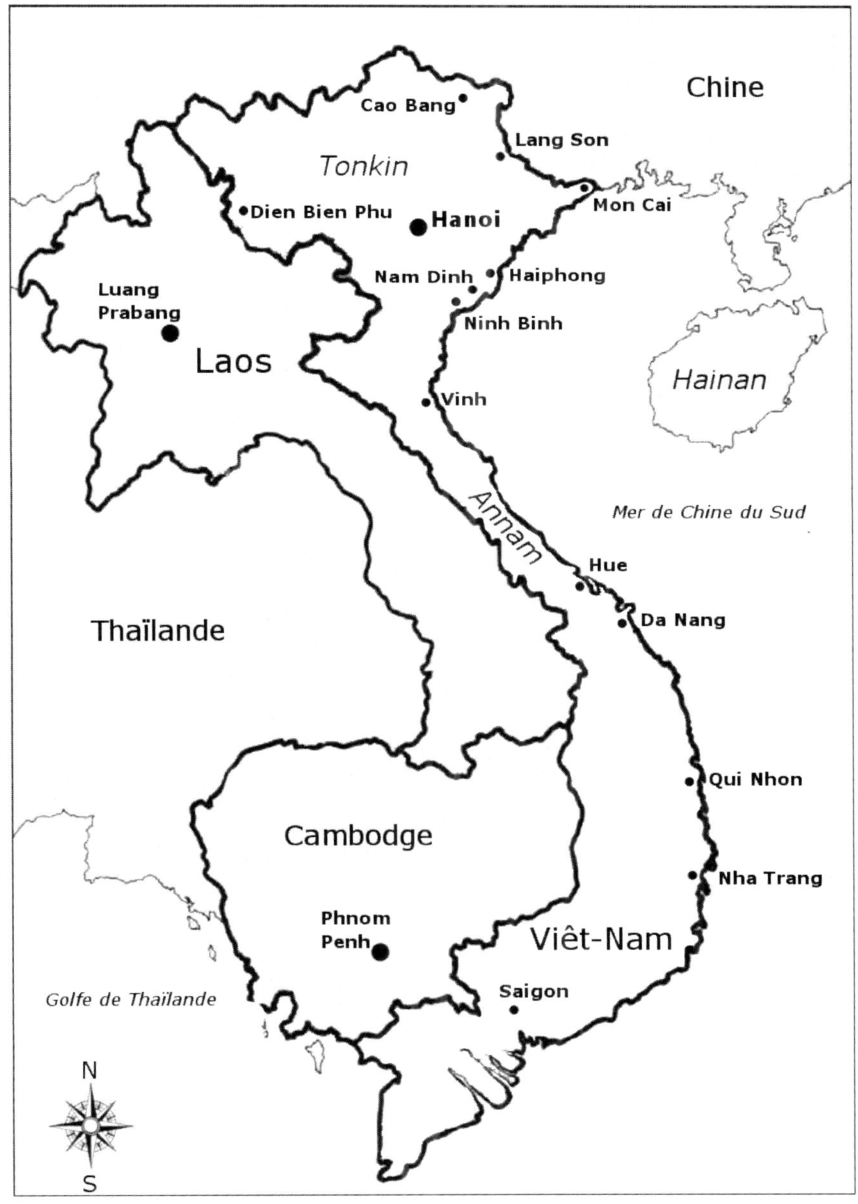
Chine
Cao Bang
Lang Son
Tonkin
Mon Cai
Dien Bien Phu
Hanoi
Nam Dinh
Haiphong
Luang
Prabang
Ninh Binh
Laos
Hainan
Vinh
Annam
Mer de Chine du Sud
Hue
Da Nang
Thaïlande
Qui Nhon
Cambodge
Nha Trang
Phnom
Penh
Viêt-Nam
Saigon
Golfe de Thaïlande
N
S

Cochinchine (1949-1951)

Duc-Hoa

Nous étions heureux de quitter le SS Oyannox et finalement de poser pied à terre. Mon ami Hans fut affecté au Troisième Régiment et moi, avec un certain nombre de mes camarades, à la 13ème DBLE (Demi-Brigade de Légion Étrangère). Cette unité, fondée en 1940, avait combattu en Norvège, au Cameroun, au Gabon, en Eritrée, en Palestine, en Syrie, en Tunisie, en Italie, en France, en Allemagne et en Indochine.

Ceux d'entre nous qui furent assignés à la Compagnie de Commandement du Troisième Bataillon de la 13ème DBLE, embarquèrent à bord de deux camions protégés par un troisième camion blindé. Sur environ 40 kilomètres, nous roulâmes dans les rues animées et colorées de Saïgon. Par des routes cahoteuses entourées de rizières, de marécages, et de palmiers, nous atteignîmes le village de Duc Hoa où nous fûmes accueillis par nos nouveaux officiers et nos camarades. Je fus informé que j'allais servir dans la section des pionniers et que, en raison de mon adresse au tir, je serais doté d'une mitrailleuse.

Duc Hoa était un gros village situé à la croisée des routes et essentiellement habité par des paysans et quelques petits commerçants. Nous avions deux emplacements fortifiés à l'est et à l'ouest du village. Par fortifiés, je veux dire tranchées, clôtures de bambous effilés, et clôtures de barbelés. La Légion occupait le plus grand espace fortifié à l'est, composé de plusieurs bâtiments, affectés à la troupe, l'administration, l'infirmerie, un bar, une grande cuisine, des garages, un espace pour des canons de longue portée, et un camp de transit pour les prisonniers de guerre. L'espace fortifié à l'ouest était occupé par des volontaires vietnamiens qui combattaient à nos côtés et que nous appelions partisans (une désignation non officielle).

La route de Saïgon était pavée mais cahoteuse, et à Duc Hoa, elle croisait certaines mauvaises routes. Les déplacements des civils, surtout à pieds, étaient autorisés pendant la journée mais interdits la nuit. La route entre Saïgon et Duc Hoa devait être déminée avant son ouverture au trafic. Les voitures et les camions roulaient généralement en convois.

À Duc Hoa.

Les militaires, à Doc Hua, étaient placés sous le commandement du capitaine Tiphine, un lieutenant, et plusieurs sous-officiers. Notre section de pionniers était sous le commandement d'un sergent et d'un caporal, et les partisans sous le commandement d'un sergent de la Légion, d'origine française. Tous devinrent, avec moi, de bons amis.
Les officiers et les sous-officiers avaient leurs propres quartiers ainsi qu'une salle à manger privée.

Comme les appareils électriques n'étaient pas disponibles, l'air, dans cette pièce, était brassé par des pâles de bambous attachés au plafond et agités par un prisonnier. Le capitaine Tiphine dormait tout habillé, avec même ses chaussures, pour être prêt, en cas d'alerte !

Notre installation était primaire mais adaptée aux circonstances. Nous avions de simples lits de camp avec un oreiller et une couverture, mais pas de matelas. Le lit de camp avait une moustiquaire, fréquemment infectée par des bestioles. Alors, je trempais souvent ma moustiquaire dans l'essence. Nos vêtements étaient placés dans une petite armoire près de notre lit. Un jour, je découvris un petit serpent entre mes chemises ! Il me regardait et disparut Dieu sait où.

Au milieu de notre chambre étaient disposées des tables avec des bancs. La cuisine, bonne et abondante, était préparée par un chef d'origine hongroise. Il nous arrivait parfois de déguster, seulement pour lui et moi, un plat hongrois ! Bien sûr, le vin était servi avec chaque plat.

Les pièces étaient nettoyées par de « bons » prisonniers. Le problème était qu'ils disparaissaient avant que nous terminions nos repas. Les restes faisaient alors le bonheur des nombreux rats qui pullulaient, jour et nuit. Après un moment, on finissait par les ignorer. D'après les locaux, chercher à les éliminer n'avait pas de sens car ils étaient immédiatement remplacés par d'autres. En d'autres termes, seule la Mère Nature pouvait les contrôler par le volume de nourriture disponible.

Comme il n'y avait pas d'eau courante à l'intérieur, nous prenions nos douches à l'extérieur, alimentées en eau par des prisonniers. Les moustiques étaient partout. Heureusement, nous avions de nombreux petits lézards sur les murs, qui les chassaient ! En principe, nous étions supposés prendre chaque jour des tablettes contre la malaria et la dysenterie, mais nous pensions que le vin et le chum (alcool de riz), pouvaient nous protéger encore mieux. Nous confions notre linge à des locaux qui faisaient un très bon travail et nous le rendaient avec le sourire, moyennant quelques piastres.

La campagne autour de Doc Hua était typique de la Cochinchine. Des marécages sans fin, avec des buissons épais, des ruisseaux, des rivières, des bassins peu profonds, des rizières, et des plantations de canne à sucre, blé, palmiers, et bambous, en quantité. Le climat était de type tropical, avec une chaleur d'environ 30 degrés. La saison des pluies était de mai à novembre.

Il pouvait faire si chaud pendant la journée quand nous marchions à travers les marécages, qu'à l'heure du déjeuner, en mâchant nos sandwichs, nous hésitions à nous asseoir, afin d'éviter l'effort de nous relever. J'ai pris des photos qui me rappellent ce genre de situation. Tout le monde debout, personne assis. Un autre problème était la soif.

Quand vous étiez à court d'eau et que vous aviez soif au-delà de l'imaginable, vous étiez prêt à boire n'importe quelle eau, chaude ou trouble. Bien sûr, nous avions des tablettes pour désinfecter l'eau mais comment trouver le temps de les dissoudre quand les balles sifflaient autour de nous !

Trop chaud pour s´asseoir.

La principale tâche quotidienne de notre section consistait à détecter les mines posées par le Viet Minh, pendant la nuit. Nous devions également prendre notre tour de garde, chaque nuit, autour de nos quartiers. Au moins deux fois par semaine, nous partions en opération dans le voisinage pour combattre l'ennemi et le faire prisonnier, si possible. Au bout d'un mois, nous participâmes à de plus grandes opérations, avec d'autres unités, dans des régions plus lointaines. En plus, nous avions une tour de garde fortifiée, sur les hauteurs de la Rivière Vaico Orientale, encore à portée de notre artillerie à Duc Hoa.

La sentinelle le long de la rivière Vaico.

Rechercher des mines sur les routes pavées n'était pas tâche facile, car ces routes étaient dans un pauvre état, pleines de trous et d'ornières. Dans ce travail de recherche de mines, un éclaireur, avec une mitraillette, se tenait en avant de l'unité. Il marchait habituellement sur le côté de la route, cherchant à déceler le moindre indice suspect en surface. Cela permettait de rester à une distance suffisante en cas d'explosion. Le rôle de l'éclaireur était relativement dangereux car il était la première cible de l'ennemi.

Mine et jeep.

L'éclaireur était suivi par des démineurs qui devaient examiner la surface de la route pour faire exploser les mines. Notre avance était fréquemment ralentie par le Viet Minh qui plantait des objets métalliques sous la surface de la route. L'éclaireur était suivi par le sergent, l'homme portant une mitrailleuse légère avec ses deux « bons » prisonniers chargés de porter les munitions. Le reste de la section marchait de chaque côté de la route, avec des espacements suffisants. Finalement, l'arrière de la section était couvert par un blindé avec une arme lourde.

Pendant mon année et demi, passée à Duo Hoa, je fus le témoin de tragiques événements en rapport avec les mines. L'une d'elle explosa alors qu'un démineur s'apprêtait à la faire sauter. Il perdit la vie, en même temps que le bas de son corps. Une autre fois, un démineur préparait la charge destinée à faire sauter une mine. Un autre engin se trouvait juste sous le premier et explosa. La tête de l'infortuné se détacha de son corps et se retrouva dans ses bras. Image ô combien impressionnante ! Dans notre camp, nous avions un petit tableau avec la mention : *Honneur aux Démineurs*, et la liste des héros morts en opération. Nous avions également perdu deux camarades dont la Jeep avait sauté sur une mine, en roulant sur une route apparemment sûre.

Une autre méthode adoptée par le Viet Minh pour interrompre notre trafic, consistait à creuser des tranchées sur les grandes routes pavées, dans l'arrière-pays sous leur contrôle.

Ainsi, un matin, pendant notre marche à la recherche des mines, nous trouvâmes la route pavée reliant Saïgon, coupée par trois grandes tranchées. Nous fouillâmes en vain les alentours, à la recherche de mines. Nous étions bloqués. Nous approchâmes d'un village où se trouvaient des pelles humides mais aucune population, à l'exception d'un corps dont la tête avait été tranchée à coups de machette. Sans doute un paysan ayant refusé de coopérer avec le Viet Minh ?

A la nuit tombée, nous vîmes arriver des engins lourds de construction, en provenance de Saïgon. Pour raisons de sécurité, les ouvriers furent conduits à Duc Hoa et nous fûmes assignés à la garde des engins et de la route. C'était une nuit très chaude. Nous ne tardâmes pas à être sous le feu de l'ennemi. Je me positionnais, avec ma mitraillette, sous l'un des camions, dans un petit espace, et répondais dès que j'apercevais une arme à feu. Il faisait sombre, et nous ne pouvions contre-attaquer car nous n'étions qu'une douzaine. Pire que l'ennemi, nous étions harcelés par des milliers de moustiques ! À l'aube, l'ennemi cessa le feu. Nous n'avions aucuns blessés, seulement des traces de balles dans les camions et les équipements. Quant à mon visage, il était couvert de piqûres de moustiques ! Heureusement, je n'attrapais pas la malaria... Quand les renforts arrivèrent, nous fouillâmes les environs mais ne trouvâmes aucun corps, seulement quelques traces de sang. Notre tâche se poursuivit pendant quelques jours, le temps nécessaire aux moustiques pour continuer leurs repas.

- * -

Pièges de bambous effilés

En plus des mines, le Viet Minh était expert dans la fabrication de pièges, en particulier près des endroits stratégiques qu'il voulait nous interdire d'approcher. Il creusait des trous dans lesquels il plantait des bambous effilés dont l'extrémité était souvent brûlée. Une blessure de bambou causait, par elle-même, une infection sévère mais la partie brûlée pouvait entraîner des problèmes sans fin. Ces pièges étaient recouverts d'herbe, de manière à les rendre invisibles. Tomber dans l'un d'eux pouvait provoquer de terribles blessures et une incapacité à très long terme.

Un jour, nous fûmes informés qu'à une certaine distance de notre base de Duc Hoa, le Viet Minh établissait la prise de contrôle d'un village afin de coordonner son activité à partir de ce point. Notre section de pionniers reçut l'ordre de l'attaquer et de le détruire. Nous partîmes tôt, par une journée très chaude, et nous longeâmes une petite route. Comme éclaireur, je marchais en avant, suivi par le démineur. Bientôt, un camion rempli de « partisans » nous rejoignit.

Après avoir laissé quelques gardes sur la route, nous pénétrâmes sur le territoire par un étroit sentier qui longeait des rizières. Soudain, un espace boisé apparut avec plusieurs petites routes que nous supposions conduire au village occupé par les Viets.

Avec quelques-uns de mes camarades, je suivais l'un de ces sentiers où la visibilité est très limitée en raison des épais buissons qui les bordent. J'étais en avant, l'oreille et les yeux aux aguets. Soudain, alors que j'arrivais au détour du chemin, je fus accueilli par une pluie de balles ! Immédiatement, je m'agenouillais et je tirais sur la silhouette du Viet.

Pont dans la jungle.

En sautant, je m'aperçus que ma jambe gauche était à moitié enfoncée dans un trou. Mes camarades se joignirent à moi et abattirent deux autres Viets. Alors que nous avions franchi quelques mètres, des tirs nourris recommencèrent. Nos camarades qui approchaient du village par les autres sentiers, nous avaient rattrapés et faisaient feu sur les Viets en retraite. Nous en terminâmes avec le peu de Viets restant et incendièrent toutes les huttes de paille. C'est à ce moment que j'aperçus du sang sur le bas de ma jambe gauche. Un infirmier de notre antenne médicale se trouvait à proximité et achevait de soigner un camarade mordu par un serpent. Je lui demandais de mettre un bandage sur ma blessure.

Je rejoignis mon unité et nous fouillâmes les alentours sans trouver âme qui vive. Les Viets avaient fui. Sur le chemin du retour vers nos camions, je pris le même sentier qu'à l'aller et je vis le corps du Viet que j'avais envoyé au paradis. J'aperçus aussi le trou dans le quel ma jambe avait glissée. Je ne fus pas surpris d'y reconnaître un piège avec des piques en bambou. J'avais eu la chance de ne pas y tomber et de n'être que blessé. Le plan des Viets avait été que l'un de nous y chuta et que les autres soient abattus. Le sort en avait décidé autrement.

Bien que traitée à l'infirmerie pendant des semaines, ma blessure allait en s'aggravant. Notre marche quotidienne dans les marécages en était largement responsable. Nous avions une mascotte, une petite chienne nommée Bébête, qui essayait régulièrement de flairer ma blessure. Je refusais jusqu'au jour où mon bandage étant devenu tellement sale, je la laissais faire. Elle me lécha et, à ma grande surprise, ma plaie allait mieux le lendemain matin ! Elle continua son « traitement » et peu de temps après, la blessure avait quasiment disparue. Plusieurs décades ont passé depuis mais une décoloration reste visible sur ma peau. Quand je la regarde, j'ai une pensée émue pour ma « doctoresse » canine !

Mon infirmière Bébête.

- * -

Serpents et buffles

Au sol ou dans l'eau, il n'y avait pratiquement pas d'animaux sauvages, à l'exception des serpents (dont certains étaient venimeux). Le serpent le plus mystérieux était le « serpent minute » appelé ainsi car il pouvait tuer en une minute. À première vue, ces serpents ressemblaient à des branches vermoulues, mais quand vous les voyiez bouger, vous saviez à qui vous aviez affaire. Ils avaient de petites dents et pouvaient mordre un humain entre les orteils, là où la peau est tendre. Comme nous portions des bottes, nous n'avions rien à craindre, mais je me rappelle quand des prisonniers réparaient une route et qu'un serpent minute apparaissait. Ils paniquaient, jetaient leurs pelles et s'écartaient, de crainte d'être piqués !

Nous voyions parfois des petits serpents verts qui se confondaient avec les feuilles des arbres, mais nous rencontrions surtout de gros serpents nageant autour de nous quand nous marchions dans les marécages, avec de la boue jusqu'à la poitrine, en tenant nos armes et nos munitions au-dessus de notre tête. Nous devions faire avec, à l'exception d'un de nos camarades qui avait une peur panique des serpents. Il n'arrêtait pas d'en parler. Un jour, alors qu'une trentaine d'entre nous marchait dans un marécage, nous vîmes un serpent mordre notre infortuné compagnon. Pourquoi lui, et pas l'un des 29 autres ? Était-ce de la prémonition, le destin, ou un simple accident ? Par chance, notre infirmier lui injecta aussitôt un sérum anti venin et il s'en tira sans graves conséquences, autant que je m'en souvienne.

En évoquant les animaux du Sud Vietnam, il me vient à l'esprit le souvenir des Buffles d'eau. Ils étaient énormes, puissants, avec de gigantesques cornes. Les locaux les utilisaient pour tirer leurs instruments agraires et aussi pour leur viande. Ils paraissaient paisibles et des petits enfants les chevauchaient parfois. Mais ce n'était qu'une apparence.

Dans les marécages.

Instinctivement, ils détestaient les non vietnamiens, et nous dévisageaient de manière agressive. Un jour, alors que nous attaquions un village fortifié du Viet Minh, j'approchais seul à travers un sentier très étroit, entouré d'épais buissons. Soudain, j'entendis un bruit approcher, et je vis l'un de ces buffles se tourner vers moi et s'élancer à la vitesse d'une locomotive ! Sans prendre le temps de réfléchir, je m'enfonçais profondément dans le fourré près de moi. Un peu plus tard, je m'aperçus que ce buisson était couvert d'énormes épines et que mes vêtements étaient couverts de sang ! Heureusement, le buffle cessa de me courir après, peut-être à la recherche d'un autre légionnaire !

A quelque temps de là, j'eus ma vengeance ! Alors que nous avions pris le village et que le Viet Minh était en pleine retraite, nous vîmes un troupeau de buffles qui s'éloignait. A regarder de plus près, nous aperçûmes également des jambes de Viets, se dissimulant derrières les bovidés... Nous ouvrîmes le feu de telle sorte que jamais aucun de ces redoutables buffles ne puisse à l'avenir nous encorner !

Ce souvenir me conduit à penser à la première fois où j'ai eu un ennemi dans ma ligne de mire. Notre section avait préparé une embuscade contre une unité de Viet Minh supposée traverser un champ de canne à sucre. Nous en étions à faible distance, cachés par des buissons. Soudain, nous vîmes les cannes s'agiter et un Viet apparût, son arme d'une main et son chapeau de paille de l'autre. Quelques mouvements étaient perceptibles derrière lui. Il regardait sans se douter de rien. Une fraction de seconde, je me dis que j'aurais préféré être vu par mon ennemi, vieille tradition chevaleresque... Mais mon lieutenant qui se trouvait à mon côté, murmura : « Ouvre le feu ! ».

Ce que je fis, suivi par mes camarades. Le Viet était à terre et des cris fusaient du champ de canne à sucre. Nous chargeâmes et abattîmes plusieurs autres Viets : mais la plupart d'entre eux réussit à s'échapper et nous renonçâmes à les poursuivre, par manque de visibilité. Nous prîmes les armes des morts, allumâmes une cigarette, et nous alignâmes pour retourner à la base.

Prisonniers du Viet Minh.

- * -

Soldats indigènes combattant avec nous

Nos opérations militaires étaient fréquemment menées en coopération avec les partisans, ainsi que nous appelions les Vietnamiens et les Cambodgiens combattant à nos côtés. Les partisans les plus impliqués stationnaient à l'ouest de Duc Hoa. Comme les autorités françaises de Cochinchine ne leur distribuaient pas d'armes automatiques, j'étais souvent assigné, avec ma mitrailleuse, dans leur unité. Il n'est pas facile de porter sur ses épaules une mitrailleuse et de marcher avec elle, pendant des heures, avec une température de 30° ! Heureusement, mes épaules étaient solides. Les partisans étaient généralement habitués à marcher sur des terrains difficiles comme les marécages, mais moi, cela ne m'était pas facile. Je me souviens qu'une fois, nous devions passer la nuit dans une rizière et que j'étais extrêmement fatigué. La digue était trop étroite pour y dormir. Je n'avais d'autre choix que de dormir avec ma tête et ma mitrailleuse sur la digue et mon corps dans l'eau, au risque d'être dévoré par les sangsues !

J'avais de bons rapports avec le sergent en charge des partisans, un Français. Il me confia un jour qu'il avait un problème au foie et qu'il aurait aimé s'éloigner du climat tropical, mais que cela lui était interdit. Alors qu'il était déjà en Indochine, le Bureau Statistique de la Légion Étrangère avait découvert que, pendant la Deuxième Guerre Mondiale, il avait collaboré avec les services de la sécurité allemande contre la Résistance Française. Pour cette activité, il était passible, au minimum, d'une longue peine d'emprisonnement à laquelle il avait échappé en s'engageant dans la Légion. Par décret, aucune autorité n'était autorisée à mener des investigations à l'intérieur de celle-ci. Seule la Légion pouvait en décider avec sa propre juridiction. En accord avec lui, la décision avait été prise de le garder en Indochine. Il était assigné aux missions dangereuses et son état de santé était volontairement ignoré. Il était voué à mourir et il mourut, comme j'en eu la confirmation plus tard, alors que je me trouvais au Tonkin ; il tomba dans une embuscade du Viet Minh et perdit la vie, en même temps qu'une trentaine de partisans. Pour lui, déserter en faveur du Viet Minh n'aurait pas été une bonne solution car ces derniers ou les Soviets auraient sûrement découvert qu'il avait été un collaborateur des Nazis.

Nos partisans menaient parfois des opérations déguisés en Viets. Comme eux, ils s'habillaient en noir et portaient de petites bannières rouges avec une étoile communiste jaune. Ainsi camouflés, ils pénétraient en territoire Viet Minh, collectaient des informations, et déclenchaient des attaques. Bien que j'ai été assigné à leurs groupes, avec ma mitrailleuse, je n'eus jamais l'occasion de participer à ces opérations de camouflage.

Partisans camouflés comme des Viet Minhs.

Cela me conduit à penser à un certain soir où j'étais de faction à la sortie ouest de notre camp, surveillant la rue principale. Après une certaine heure, toutes les portes étaient fermées et aucun mouvement n'était toléré. Je ne me rappelle pas si un couvre-feu avait été imposé à la population locale, mais les rues étaient vides durant la nuit. Il n'y avait pas de lampadaires mais nous étions équipés de munitions qui illuminaient l'air en explosant.

Nous avions de fréquentes patrouilles de nuit, entrant ou quittant notre camp, et nos forces basées à proximité venaient parfois nous rejoindre pour participer à des opérations conjointes, le lendemain. Naturellement, un mot de passe était exigé à l'arrivée de ces éléments extérieurs.

C'était une nuit de pleine lune, tranquille, seulement troublée par les aboiements, un peu plus forts que d'habitude. Soudain, je découvris deux rangées d'hommes armés, marchant à pas mesuré, avec cette sorte d'hésitation que l'on adopte en territoire dangereux. Ils approchaient de chaque côté de la rue, en rasant les habitations. Cette attitude n'était pas normale. A leur approche, je réalisais qu'ils étaient vêtus de noir, comme les Viets ou les partisans déguisés en Viets. Cela me paraissait étrange mais il était trop tard pour contacter mon supérieur, et nous n'avions ni téléphone ni radio. Les hommes étaient maintenant à portée de voix et, le doigt sur la gâchette, je criais : « Mot de passe ? ».

Sans réponse, je criais de nouveau. Devant le silence persistant, j'appuyais sur la détente et arrosais un côté de la rue après l'autre. Je vis alors les ombres noires courir entre les maisons et disparaître. En quelques minutes, notre camp était en alerte et les opérations défensives étaient rondement menées. Ne recevant aucune salve ennemie, notre capitaine décida d'attendre la levée du jour avant d'inspecter les alentours. Nous découvrîmes alors les cadavres de deux Viets, ceux que j'avais abattus Ils avaient encore leurs munitions sur eux mais on leur avait retiré leurs armes.

Il s'agissait d'une opération de camouflage menée par les Viets qui avaient entendu dire que nos partisans se livraient parfois à de telles actions. Ils espéraient ainsi nous tromper et pénétrer dans notre camp. Heureusement qu'ils ne connaissaient pas le mot de passe !

Routine quotidienne.

- * -

Noël à Duc Hoa

Environ six mois s'étaient écoulés et vint le temps de célébrer mon premier Noël en Indochine. Pas d'arbres de Noël, seulement des palmiers et la mémoire. Néanmoins, nous eûmes droit à un grand dîner et à une soirée de détente. Nous reçûmes tous un présent.

Le mien consistait en une adorable petite statue de bronze représentant une jeune fille annamite. Après bien des décades, elle se tient toujours fièrement sur le manteau de ma cheminée. Nous gardions notre foi.

A la Légion, les croyances religieuses ont toujours été un sujet strictement personnel. Pas de rejet ni discrimination. Simplement, nous étions tous unis dans un moment de prière silencieuse quand nous entourions un camarade tombé au combat et que nous présentions les armes à ses funérailles.

Durant ces derniers mois, j'étais en contact épistolaire avec ma mère qui était restée en Allemagne et avait formé le projet d'émigrer avec un ami, un ancien officier de l'armée hongroise, aux États-Unis. Elle m'introduisit également auprès d' une jeune femme du nom d'Édith, qui allait devenir ma correspondante au cours des années à venir. Cet échange de courrier devint très agréable et m'aida à supporter les jours difficiles. C'était un lien avec un monde différent et avec une personne que je savais désireuse de prendre soin de moi. Je lui en serai toujours reconnaissant. Curiosité du destin, nous restâmes en contact mais nous ne nous sommes jamais rencontrés.

- * -

Extension des opérations de notre unité

En 1950, la 13ème DBLE (consistant en quatre bataillons), incluant notre Compagnie de Commandement, seule ou en coopération avec d'autres unités, mena de multiples opérations étendues à la Cochinchine, comme celles du Delta du Mékong, la Plaine des Joncs, le Vaico Occidental et Oriental, etc.. Le but était de piéger ou d'encercler les unités du Viet Minh, afin de les détruire. Cela n'était pas facile à réaliser en raison d'un terrain hostile, du manque de routes, et du pauvre voire inexistant service de renseignement. En conséquence, la plupart des actions de guérilla étaient menées par de petites unités pour le contrôle des routes principales et des cours d'eau. À titre d'exemple, je citerai l'opération suivante que nous déployâmes dans le Delta du Mékong.

Le delta du Mékong.

Opération « Plantation d'ananas »

En Cochinchine, se trouvaient de nombreuses grandes plantations appartenant à et dirigées par des Français. Celles-ci contribuaient grandement, par les exportations, au développement de l'économie indochinoise. En plus, elles créaient du travail pour des dizaines de milliers de natifs.

Les actions armées du Viet Minh forçaient les propriétaires et les administrateurs de plantations à rechercher des endroits plus sûrs, comme Saïgon, ou même à retourner en France. De plus, comme la plupart de ces plantations étaient reliées par des routes coupées par le Viet Minh, les véhicules de l'armée française pouvaient difficilement entrer sur leur territoire. Les travailleurs indigènes se retrouvaient sans emploi et dans de dures conditions. Ils ne possédaient pas les aptitudes nécessaires pour diriger les plantations : les auraient-ils eues qu'ils auraient été incapables de transporter leurs productions vers les villes et les ports aux mains des Français. Sans parler du manque de véhicules et du fait que les routes étaient généralement coupées !

Ces petits villages situés à proximité des plantations étaient maintenant sous le contrôle du Viet Minh, et leurs habitants n'avaient d'autre choix que de retourner à des types d'agriculture plus primitifs, afin de survivre. Des années plus tard, à Paris, je parlais de ce sujet avec un ancien planteur. Il vivait dans un luxueux appartement avec vue sur la Tour Eiffel ! Il se déclarait désolé d'avoir dû abandonner ses ouvriers en raison des incursions du Viet Minh.

Pour revenir à notre base de Duc Hoa, en début de soirée, j'étais occupé à nettoyer ma mitrailleuse, tâche minutieuse, quand notre sergent approcha et m'informa que le lendemain, à la première heure, nous devions nous tenir prêts à partir pour une opération de longue haleine.

« *Elle devrait durer plusieurs jours* », ajouta-t-il. Il me demanda de prendre autant de munitions que possible et de les ranger dans un sac à dos transporté par mes « bons prisonniers ». Nos camarades reçurent les mêmes consignes, en ajoutant aux munitions des grenades à main, des médicaments et d'autres articles nécessaires pour une incursion de longue durée en territoire ennemi. En vue de ce départ matinal, la plupart d'entre nous dormirent tout habillés, avant de prendre une rasade de chum et au moins une cigarette *Troupe*.

Il faisait encore sombre quand le clairon nous réveilla, et peu de temps après on nous servit du café et des sandwichs. En peu de temps, nous étions prêts. J'allais vers le camp de détention, appelais mes deux « bons prisonniers », et les chargeaient d'un sac à dos avec les munitions de ma mitrailleuse.

Notre section était acheminée en camion vers notre tour de guet, sur la rivière Vaico, en empruntant une route que des patrouilles avaient « auscultée » pendant la nuit, afin de s'assurer que le Viet Minh ne l'avait pas minée.

Nous trouvâmes deux bateaux de notre marine fluviale sur la rive du Vaico, qui avaient du naviguer pendant la nuit précédente. Nous montâmes à bord et, après avoir dit au revoir aux gardes de la tour, nous appréciâmes l'air frais provoqué par la vitesse de notre bateau.

Un peu plus tard, nous apprîmes que nos embarcations venaient de la région de My Tho et que notre destination était au nord, là où le Viet Minh avait établi un fort camp retranché, autour d'une ancienne plantation d'ananas qui n'était plus accessible par routes, en provenance des territoires sous contrôle français. Le seul moyen pour attaquer et reprendre ce territoire était la voie fluviale.

Notre voyage dura plusieurs heures et nous atteignîmes une autre rivière dont les rives étaient couvertes d'une épaisse végétation, apparemment impénétrable. Finalement, nous accostâmes à une rive plus clairsemée où se trouvaient déjà d'autre unités de la Légion. De là, nous avançâmes précautionneusement dans la direction indiquée. Nous avions avec nous des partisans vêtus de noir, comme les Viets. Nous fûmes informés que certains d'entre eux étaient déjà partis en éclaireurs afin de reconnaître la situation exacte où se trouvait le Viet Minh.

Soudain, nous nous trouvâmes dans un champ d'ananas ! Avec le soleil tropical de l'après-midi, chauffant le sol, une délicieuse odeur nous envahit et nous commençâmes immédiatement à dévorer ces fruits gorgés de sucre. Marcher au milieu des rangées d'ananas n'était guère aisé, en particulier pour moi qui devais transporter ma lourde mitrailleuse ! Alors que je poursuivais péniblement ma route, dégustant le goût délicieux des ananas, je réalisais soudain que ma bouche et mes lèvres devenaient terriblement acides. À tel point que je dus arrêter mon festin !

Dans le delta du Mékong.

À cet instant, à la lisière des palmiers du champ d'ananas, nous vîmes deux de nos partisans éclaireurs onduler vers nous. Notre section étant la plus proche d'eux, notre sergent, et quelques-uns d'entre nous les rejoignirent, tandis qu'un lieutenant et un petit groupe d'hommes de l'autre unité, arrivaient rapidement sur notre site. Les partisans expliquèrent en un français approximatif que derrière la zone boisée se trouvait une autre zone où ils avaient repérés des soldats vietnamiens préparant une ligne défensive et peut-être une contre-attaque. Apparemment, il devaient avoir été avertis de notre approche. Notre sergent et le lieutenant avaient engagé une discussion pour définir la meilleure tactique à adopter quand, soudain, un légionnaire de l'autre unité qui se trouvait à leur côté, prononça respectueusement : « *Mon lieutenant* ». Ils s'interrompirent et celui-ci poursuivit : « *Permettez-moi de vous suggérer que nos unités se séparent en deux, à droite et à gauche, avec chacune une mitrailleuse. Notre unité pourrait alors ouvrir un feu ininterrompu contre l'ennemi. Nos autres camarades de la section des pionniers pourraient entrer en action à leur tour et intensifier la ligne de feu.* »

Le lieutenant et nous-même l'écoutions en silence. Après un temps court de réflexion, le lieutenant opina et nous demanda de nous avancer lentement vers l'extrémité de l'espace boisé. Il nous donnerait ensuite l'ordre d'ouvrir le feu.

Alors que nous avancions, nous entendîmes un tir nourri en provenance de la gauche. Sans doute des mortiers. Cela signifiait que notre rencontre avec l'ennemi était engagée sérieusement. Très vite, nous atteignîmes la zone ouverte, nous postâmes dans les bois, tandis que notre sergent, avec ses jumelles, détectait les mouvements en face de nous. Maintenant, nos camarades sur la droite ouvraient un feu ininterrompu et nous courûmes aussi vite que possible et sans tirer, jusqu'à un espace surélevé qui nous donnerait un minimum de protection. Je m'affalais sur le sol, mis ma mitrailleuse en position, enclenchait la bande de munitions, et ouvrais le feu sur les lignes où l'ennemi avait trouvé refuge. Sur notre droite, nos camarades de l'autre unité faisaient pleuvoir un déluge de feu sur les positions adverses. Pour ma part, je me trouvais soudain à court de munitions et, à ma grande surprise, je vis notre « bon prisonnier » introduire une nouvelle bande dans ma mitrailleuse ! Je ne l'oublierai jamais ! Un prisonnier de guerre annamite, qui nous avait combattu, et qui maintenant combattait à nos côtés ! (Quelques semaines plus tard, je lançais une pétition pour sa libération et il fut libéré.)

Quand nous atteignîmes la ligne ennemie, tous avaient disparu, laissant seulement derrière eux des morts et des blessés. De notre côté, nous souffrions aussi quelques pertes mais, grâce à Dieu, en nombre limité. Quelques kilomètres plus loin, nous nous réunîmes avec les autres unités à la lisière du village. Nous n'y rencontrâmes aucune résistance.

Le jour baissait mais il nous restait le temps d'inspecter les alentours du village et entrer dans le même but dans chacune des cases. Comme d'habitude, nous n'y trouvâmes aucun homme. Seulement des enfants et des femmes, une trentaine, regroupée dans le fond d'une grande hutte. Elles se tenaient serrées, les plus désirables au milieu, comme pour les protéger. Cela peut sembler drôle mais nous étions si fatigués que nous n'avions pas le moindre désir de rechercher une quelconque compensation...
Nous laissâmes simplement quelques gardes dans l'enceinte des huttes.

Notre personnel médical fit de son mieux pour secourir et soigner les blessés mais dut attendre le lendemain pour les transporter dans le bâtiment de l'ancien planteur.

Près de là se trouvait un grand champ qui, par chance, permettait aux petits avions d'atterrir. C'était d'un grand secours pour le transport des blessés et des disparus dans les combats livrés pour sécuriser les alentours. Nos autres unités impliquées dans les tirs intenses de mortiers, avaient subi des pertes plus importantes que les nôtres. Les bâtiments de l'ancien propriétaire de la plantation étaient en bonnes conditions et nous apprîmes plus tard que des armes et des fournitures y avaient été abandonnées par le Viet Minh.

À la tombée de la nuit, notre commandement décida d'établir une garde renforcée autour du village et d'y passer la nuit. J'avais faim et j'étais très fatigué. Heureusement, je trouvais quelques cannes à sucre à me mettre sous la dent et de l'eau à boire. Quelques-uns de nos camarades de l'autre unité se trouvaient proches de nous et je leur demandais qui était l'homme ayant suggéré au lieutenant une tactique d'assaut envers l'ennemi. Un garçon sourit et me dit qu'il s'agissait d'un ancien officier allemand qui avait combattu contre l'Armée Rouge, pendant la Seconde Guerre Mondiale. Oui, de nos jours, nous avions de nombreux soldats expérimentés qui avaient combattu dans différentes armées et qui étaient maintenant réunis sous le drapeau français.

J'avais été assigné à prendre un tour de garde, avec ma mitrailleuse. Deux heures de vigilance suivies par quatre heures de sommeil sur le sol, puis de nouveau deux heures de garde. Pendant que je dormais, un autre de mes camarades était en charge de ma mitrailleuse.

Le jour suivant fut entièrement consacré à fouiller les environs et nous eûmes la chance d'encercler un espace boisé dans lequel un groupe de Viets se préparait à la retraite.Une brève escarmouche s'en suivit mais, très vite, les Viets déposèrent les armes et se rendirent. Nous les désarmâmes et leur intimèrent l'ordre de s'asseoir sur le sol, sans bouger. L'un d'eux était blessé et nous lui fîmes un pansement. Un autre me regardait et, par signes, me fit comprendre qu'il aimerait avoir une cigarette. Je lui en donnais une et je pris rapidement une photo de ces prisonniers que j'ai conservée.

Prisonniers du Viet Minh.

Après une autre nuit au clair de lune, on nous avertit que notre section de pionniers avait accompli sa tâche et nous prîmes le chemin du retour avec nos prisonniers, en direction de la rivière où nous avions débarqué. Nous laissâmes les prisonniers à la garde d'une autre unité et embarquâmes à destination de notre base.

C'était bon de revenir à Duc Hoa, de manger une bonne nourriture, de boire du vin rouge, de changer nos vêtements, et de prendre une douche. Nous apprîmes ensuite que le terrain de l'ancienne plantation, dans son ensemble, était revenu sous le contrôle de l'armée française, au moins pour quelque temps, après que les routes coupées aient été ré-ouvertes.

Pour revenir à l'opération de la plantation d'ananas, il était évident que l'évacuation de de nos camarades blessés et des disparus, était retardée par manque de moyens de transport.

Je n'ai jamais eu l'occasion de voir un hélicoptère en Cochinchine, ce qui rendait extrêmement difficile la récupération de nos blessés. (J'appris plus tard que les Forces Françaises disposaient de seulement une vingtaine d'hélicoptères en Indochine, alors qu'au moment de leur intervention, les États-Unis en avaient trois mille !) A plusieurs reprises, nos unités étaient à un jour, voire à deux jours de marche d'une route utilisable par une ambulance. Cela créait de sérieux problèmes quand plusieurs de nos hommes étaient blessés ou morts. Bien sûr notre antenne médicale pouvait apporter aux blessés les premiers secours mais comment les transporter et où ?

Je me rappelle clairement le cas d'un de nos camarades qui avait été touché à l'estomac, ce qui nécessitait une intervention immédiate. Nous n'eûmes d'autre choix que de cesser la poursuite de l'ennemi et d'attendre pendant des heures qu'un bateau arrive à notre position. Nous l'installâmes à bord et, après une longue navigation, il fut transporté en ambulance jusqu'à l'hôpital où il mourut peu de temps après son arrivée.

Il s'agit là juste d'un exemple parmi d'autres. Et que dire des blessés laissés derrière lui par le Viet Minh ? Nous n'avions d'autres choix que de les abandonner. C'était la loi de la jungle.

- * -

De la mitrailleuse à la mitraillette

Après six mois de service en Cochinchine, je fus désigné comme éclaireur dans notre section de pionniers. Ma mitrailleuse fut remplacée par une mitraillette ce qui soulagea grandement mes épaules... Je devais en effet porter ce monstre pendant des heures. Cela dit, quand on est face à l'ennemi, comme je le fus souvent, la mitrailleuse devient votre meilleur alliée, sûrement plus efficace qu'une simple mitraillette.

Être désigné comme éclaireur était pour moi un honneur. C'était la preuve que mes supérieurs et mes camarades faisaient confiance à ma toute nouvelle expérience. Dans des combats de guérilla comme ceux que nous menions, les soldats doivent faire preuve d'expérience et savoir s'adapter aux circonstances. Je me rappelle clairement que dans nos rangs, celui qui avait moins de six mois d'expérience, était considéré comme un bleu. Il faut du temps pour s'adapter au climat, à l' environnement , à la végétation, au stress physique et mental, à la manière dont la guerre est conduite, aux contacts avec la population locale, et à ce que vos camarades attendent de vous, dans la vie de tous les jours et sur le champ de bataille. Tout cela ne s'apprend pas en une nuit ou en quelques semaines.

En ma qualité d'éclaireur, je marchais en avant de mon unité, généralement en la gardant à vue mais quelques fois sans, spécialement durant les patrouilles de nuit. La meilleure comparaison est celle d'un chasseur expérimenté. Vous devez avoir une connaissance du terrain, savoir ce que vous pouvez attendre, et savoir, par expérience, comment réagir. Vous pouvez être la première cible de l'ennemi à moins que vous le perceviez, ou il peut vous laisser passer de façon à diriger son attaque sur l'unité qui vous suit. C'était évidemment ce qu'il fallait éviter.

Ponts titubants.

Nous nous entendions très bien dans notre unité de pionniers, et j'y avais développé des amitiés, en particulier avec Yvan, un Hongrois, et avec Dieter, qui était d'origine allemande. Ce dernier avait un petit singe qui nous faisait rire mais qui n'apprit jamais à être vraiment un animal de compagnie. À notre insu, nous avions aussi parmi nous un agent originaire de la République Démocratique Allemande.

Pendant la Guerre Froide, les services secrets des pays communistes d'Europe de l'Est, envoyaient des espions, des saboteurs, des agents, et des taupes, à l'Ouest. La Légion Étrangère Française combattant le communisme en Indochine, était l'une de leurs cibles. Le Bureau des

Statistiques de la Légion Étrangère, le service de contre-espionnage de la Légion, était en charge de la lutte contre l'infiltration de ces agents, mais certains réussissaient à passer entre les mailles du filet.

L'objectif de ces agents était, en premier lieu, de saper le moral des légionnaires, de semer la discorde, et de pousser les soldats à déserter. En Indochine, les agents les encourageaient à donner leurs armes au Viet Minh, en assurant leur retour par la Route Démocratique (la bien mal nommée) de la Chine et de l'Union Soviétique, vers leur terre natale ou un autre pays communiste de leur choix. Obtenir des légionnaires de déserter n'était guère facile car, en s'engageant, ils considéraient la Légion comme leur mère patrie spirituelle. Bien sûr, il y avait quelques exceptions confirmant la règle.

- * -

Comment le destin peut séparer le bien du mal

Un jour, nous fûmes avertis au milieu de la nuit que l'un des gardes en faction avait disparu avec sa mitraillette et ses munitions. C'était tout à fait anormal car les sentinelles étaient régulièrement inspectées toutes les heures pendant leurs deux heures de garde. D'abord, il était clair qu'une attaque pouvait être redoutée. Après avoir fait cette constatation, nous nous aperçûmes que deux autres manquaient à l'appel, disparus également avec leurs armes. Cela signifiait un cas de désertion, le premier dans notre unité.

Un officier-interprète vietnamien, basé en permanence à notre camp, nous rejoignit. Lui et moi, suivis de notre section, partîmes dans la direction que nous supposions avoir été empruntée par les déserteurs. L'aube naissante nous éclairant, avancer devint plus facile. Bien que ne sachant pas exactement où les fugitifs pouvaient se tenir, nous connaissions les lieux les plus proches occupés par le Viet Minh et les villages où la population lui était acquise. Nous suivîmes le chemin boueux conduisant au village le plus proche. Les habitants étaient déjà réveillés et, fait inhabituel, la plupart d'entre eux avaient déjà quitté leurs huttes. L'officier de liaison demanda à parler au chef de la communauté et lui demanda s'il avait vu trois hommes blancs armés traverser le village.

Il répondit qu'à sa connaissance, personne répondant à ce signalement n'avait été aperçu près d'ici. Suspicieux, l'officier vietnamien éleva la voix mais le chef maintint sa version. Alors l'officier demanda à un villageois de lui apporter une grande carafe d'eau et poussa le chef à l'intérieur d'une hutte. Environ quinze minutes plus tard, il en ressortit seul et nous informa que le chef s'était décidé à avouer en précisant le chemin pris par les déserteurs. Il avait ajouté que le Viet Minh ne se trouvait pas à proximité pour le moment.

Le chemin boueux couvert par une épaisse végétation menait évidemment à un territoire occupé par le Viet Minh, car il était parsemé de tranchées rendant impossibles le passage des véhicules. L'officier de sécurité marchait sur le côté droit de la route, moi sur le côté gauche, et le reste de l'unité suivait derrière. Après environ une demi-heure, à un léger tournant, une décharge de mitraillette s'abattit sur nous et je sentis une pluie de balles m'entourer. Je plongeais sur le sol et notais des mouvements derrière l'une des tranchées devant nous. Le crépitement de notre mitrailleuse intervint par des tirs irréguliers destinés à déstabiliser l'adversaire. Manifestement, les déserteurs s'étaient perdus et n'avaient pas pu prendre contact avec le Viet Minh. Notre capitaine décida, sous la protection des feuillages, de les encercler. Nous avancions tandis que les tirs se croisaient. Soudain, nous entendîmes l'explosion d'une grenade à main et, peu de temps après, deux des déserteurs sortirent des fourrés, les armes en l'air. Quand nous atteignîmes leur retranchement, nous vîmes que le meneur s'était suicidé en se faisant exploser une grenade dans l'abdomen.

Nous retournâmes à Duc Doha avec les deux prisonniers portant le corps de leur camarade. Les deux survivants furent envoyés à Saïgon pour y être jugés. Je n'ai aucune idée de ce qu'il advint du corps du suicidé. Si le capitaine n'avait pas été présent, les deux prisonniers auraient été exécutés sur place. J'appris plus tard, de la bouche de mon ami Hans, alors que nous voguions vers l'Algérie, qu'il avait servi dans le Troisième REI et qu'une situation semblable s'était présentée. Le déserteur avait été exécuté et plongé dans les latrines.

À propos de ces événements, il est permis de s'interroger. Comment différencier le destin et le libre arbitre ?

Me revient en mémoire un fait tragique survenu quelques mois auparavant. Alors que nous nous trouvions en territoire Viet Minh, nous tombâmes dans une embuscade. Je me trouvais en avant de notre groupe, à une certaine distance de notre unité, quand un violent tir se déchaîna sur moi, me contraignant à l'immobilité. L'un de mes camarades, assez proche, se rendit compte de la situation et prit le risque de courir pour me prêter main-forte avec sa mitraillette. Quand il fut allongé près de moi, je constatais et me le rappelle encore, combien son visage était rouge et tout en sueur. Peu de temps après, ce garçon allait se révéler être le saboteur ayant entraîné deux camarades à déserter avec lui pour rejoindre le Viet Minh. Devant l'échec de leur tentative, il préféra se suicider. Ainsi, à un moment, il risqua sa vie pour sauver la mienne et, à un autre, il ouvrit le feu sur moi ! La chance était de mon côté.

Cela me fait penser à un autre incident. Alors que je marchais dans un village désert, j'attrapais une oie que je ramenais à la base, avec la ferme intention d'en faire un bon repas. Or je constatais qu'elle était avec moi très amicale, un peu comme un chiot. Je décidais alors de la garder comme animal de compagnie et la laissais en liberté derrière le bâtiment. Je me trouvais, avec quelques compagnons, à rire des facéties de l'oie, quand l'un de nos camarades apparût à une certaine distance. Il s'arrêta, cria : « Vive la France ! » et se fit sauter avec une grenade à main ! Nous ne sûmes jamais ce qui l'avait poussé à une telle extrémité. Paix à son âme !

- * -

Feux-croisés sur les autochtones

Notre victoire contre le Viet Minh était compromise par le support qu'il recevait de la population civile. La majorité des habitants des zones rurales étaient de pauvres paysans ayant pour seul objectif d'assurer leur subsistance quotidienne, mais ils étaient infiltrés par des propagandistes du Viet Minh et par des partisans.

Surprise

Ces paysans n'avaient aucune idée de ce que représentait le communisme, mais ils n'avaient d'autre choix que d'apporter leur soutien financier et matériel aux Viets qui frappaient à leur porte. Résister équivalait pour eux à se suicider. D'un autre côté, les soldats français étaient des étrangers qui emprisonnaient souvent des civils pour avoir aidé le Viet Minh et les contraignaient à des travaux forcés. Les civils se trouvaient donc pris entre deux feux. Je pus, hélas, le vérifier moi-même.

Nous avions maille à partir avec un groupe de Viets dans ce qui semblait un village abandonné, et nous échangions une série de tirs.

Soudain, je vis un Viet courir et s'engouffrer dans une petite hutte. J'ouvris le feu sur la hutte, sachant qu'elle n'était pas à l'épreuve des balles. J'entrais alors dans la hutte et vis une femme gisant sur le sol, dans une mare de sang. Triste spectacle qui hante encore ma mémoire. Le Viet avait réussi à s'échapper par l'arrière. Que pouvais-je faire sinon poursuivre l'ennemi ?

Le résultat de cette situation en Cochinchine était que la population désirait vivre en paix et qu'elle redoutait les confrontations. Elle en avait assez de cette guerre et de cette pauvreté. La majorité des grandes plantations et de leurs propriétaires disparaissaient progressivement, chassés par les Viets ; cela ne pouvait que favoriser le chômage et la pauvreté.

Malheureusement, les zones rurales avaient été profondément infiltrées par le Viet Minh, qui en contrôlait de larges portions. Celles-ci étaient également pénétrées par des agents de propagandes communistes, dans le but de rallier les populations à leur cause. Ils y remportaient un certain succès avivé par la crainte des représailles.

Dans les villes, comme Saïgon, ou d'autres grandes villes, les opinions étaient plus partagées et subissaient moins l'influence du Viet Minh. Les classes haute et moyenne restaient attachées à un gouvernement stable, à la finance, au commerce, à l'éducation, à la religion, aux relations internationales... La classe ouvrière souhaitait un environnement paisible et le maintien de son revenu. C'était particulièrement le cas de la population d'origine chinoise. Elle comprenait qu'elle n'avait rien à gagner avec le Viet Minh, à la solde de la Chine communiste.

En dépit des apparences et d'un climat plus serein, les grandes villes n'étaient pas totalement à l'abri des attaques du Viet Minh. En plus de son action de propagande, celui-ci organisait des attaques contre les soldats français. Quand on séjournait à Saïgon, la consigne était de ne pas se déplacer à plus de trois ensemble, afin d'éviter ce genre d'attentats. Pour les mêmes raisons, il valait mieux éviter les cinémas où se trouvaient des soldats français. Enfin, il était recommandé d'éviter les prostituées, entraînées et payées par le Viet Minh, pour contaminer les soldats français avec des maladies vénériennes. Telle était la situation entre 1949 et 1951.

- * -

Tours de guet sur la rivière Vaico

Les diverses rivières de Cochinchine étaient importantes pour le transport des biens, des produits de la pêche, et pour le succès de nos opérations appuyées par nos forces navales.

Un moment rafraîchissant.

Elles étaient également importantes pour le Viet Minh. Alors pour protéger ces rivières, des tours de contrôles étaient érigées sur les lieux accessibles par route. Il y en avait une sur la rivière Vaico, à proximité de Duc Hoa et à portée de notre artillerie. En général, six hommes se relayaient dans ces tours, toutes les semaines. Quand c'était mon tour, je demandais à mes compagnons de me laisser faire la cuisine et je passais du temps à concocter de savoureuses recettes hongroises.

En échange, les autres devaient m'assister et notamment faire la vaisselle... Mais comme ils appréciaient mes « petits plats », tout le monde était content. Parfois, nous améliorions nos menus avec du poisson que nous capturions en faisant exploser des grenades dans la rivière. (Heureusement, il n'y avait pas de gardes-pêches, en ces temps troublés.) De même, nous profitions de la fraîcheur de l'eau pour nager et échapper à la chaleur tropicale.

Plus tard, nous apprîmes qu'il y avait un petit village tout proche où de jeunes Vietnamiennes étaient prêtes, moyennant quelques piastres, à nous apporter le réconfort de leurs charmes, à l'ombre d'un palmier. (À nos risques et périls...) Ce tableau enchanteur ne doit pas occulter le danger permanent auquel nous étions confrontés. Occasionnellement, il nous arrivait de tirer sur des bateaux qui tentaient de nous infiltrer pendant la nuit. Il nous arrivait aussi de nous faire tirer dessus quand nous sortions de la casemate. Ce qui nous obligeait à la fortifier.

Une nuit, nous nous trouvâmes sous le tir d'un mortier et l'un d'entre nous fut touché. Nous prîmes aussitôt nos positions de défenses dans les tranchées protégées par du fil de fer barbelé, avec l'un de nos camarades positionné sur la tour de guet, avec une mitraillette. Nous étions seulement au nombre de cinq. Nous tirâmes en retour, mais la visibilité était mauvaise. Nous appelâmes notre quartier général par radio afin de demander le soutien de l'artillerie. Quelques minutes plus tard, une première explosion retentissait, près de notre position. Je craignais qu'un prochain tir nous atteigne mais notre artillerie était d'une absolue précision et son action eut tôt fait de faire déguerpir les Viets. En moins d'une heure, un char d'assaut et des renforts, en provenance de Duc Doha, arrivaient. Nous fouillâmes les alentours et y trouvâmes deux Viets morts. La situation tournait à notre avantage. Nous n'avions qu'un blessé qui fut immédiatement soigné et envoyé plus tard à l'hôpital de Saïgon. Ce fut ma dernière opération à la tour de guet de la rivière Vaico.

- * -

Chance, coïncidence, ou destin

Le 14 juillet est le jour de la fête nationale française. Il rappelle aux citoyens que le 14 juillet 1789, la Bastille fut attaquée et détruite comme symbole du despotisme royal.

En ce jour du 14 juillet 1949, je fus nommé légionnaire de première classe et je reçus la Médaille Coloniale. Dans la foulée, je fus informé que mon capitaine avait décidé de me transférer de l'unité des pionniers au bureau comptable de notre unité. Décidément un grand jour, pour moi, à célébrer ! J'ignorais alors que j'aurais bientôt à affronter un événement tragique !

Le matin de mon premier jour au bureau, lieu de ma nouvelle affectation, je rencontrais le pionnier qui avait été désigné pour prendre ma place d'éclaireur. Je lui confiais ma mitraillette, mes munitions, et du matériel d'entretien, lui souhaitant bonne chance. Peu de temps après, la section partit pour son travail quotidien de déminage, avec à sa tête, le nouvel éclaireur. De mon côté, je me rendis à mon bureau pour y commencer ma nouvelle tâche.

Quelques heures plus tard, nous fûmes informés que la section de déminage était tombée dans une embuscade et que le nouvel éclaireur avait été tué. J'en fus très choqué. Pourquoi mon infortuné camarade était-il mort le premier jour de ma nouvelle affectation ? Pourquoi lui et pas moi ? S'agissait-il d'un simple accident ou de la destinée ? S'agissait-il de la volonté de Dieu ? La question me hante encore.

Mais ce n'est pas tout. Quelque temps auparavant, j'achetais un petit appareil photo et pris quelques vues pour me familiariser avec son maniement. L'une d'elles concernait un groupe de mes camarades bavardant à proximité. Quand le film fut développé, je constatais la présence de quatre de ces compagnons. Cette photo n'ayant, à ce moment, aucun intérêt particulier pour moi, je me contentais de la conserver avec les autres. Plus tard, j'appris que que trois de ces quatre hommes avaient été tués au combat et que l'un d'eux était celui qui avait pris ma place comme éclaireur. J'ignore ce qu'il advint du quatrième homme. Avoir pris cette photo relevait-il de la simple coïncidence ? Par quel troublant concours de circonstances avais-je pris une photo de ces trois hommes qui avaient croisé mon chemin avant d'être tués ? Qu'ils reposent en paix.

Ma nouvelle affectation, sous la supervision d'un sergent-major, était nettement plus confortable que la marche quotidienne dans les marécages. Bien sûr, je devais toujours prendre mon tour de garde et rejoindre mes camarades en cas d'attaque. Mais l'essentiel de mon nouveau travail consistait à tenir les registres du personnel de notre compagnie et à effectuer diverses tâches administratives. Nous n'avions pas de calculatrices, ce qui nécessitait une grande attention et de sérieuses compétences en math.

Les gardes de nuit s'effectuaient par rotations, et je devais m'y plier une fois par semaine.

Ma tâche consistait en deux heures de garde, suivies par quatre heures de sommeil, avec de nouveau deux heures de garde. Les sentinelles étaient régulièrement inspectées par un supérieur. Les gardes dormaient tout habillés sur une couchette en bois située dans une pièce attenante. Curieusement, nous avions une loutre qui vivait dans un ruisseau à proximité mais qui passait de longs moments avec nous. Cette amitié était probablement due au fait que nous la nourrissions, en particulier

quand nous ouvrions les portes le matin et que les marchands arrivaient avec leurs paniers pleins de petits poissons. Ils avaient aussi d'autres produits de la ferme, comme des petits chiens gras et roses. Je n'ai jamais goûté à ce genre de « spécialités » ni aux serpents que les Cambodgiens faisaient griller sur des feux de bois.

Les trois soldats tués au combat.

- * -

Cholon

Quand nous avions quelques jours de permission, nous prenions généralement l'un des convois pour Saïgon, afin de profiter des attraits de cette grande ville colorée. En ma qualité nouvelle de comptable, j'avais davantage d'occasions de me rendre à Saïgon pour y délivrer des registres et prendre soin d'autres documents. Le centre de la ville se trouvait rue Catinat d'où il était facile d'atteindre l'Hôtel de Ville, l'Opéra, la cathédrale Notre Dame, et bien d'autres bâtiments construits par les Français dans un style colonial à tendance baroque. Il y avait aussi beaucoup de boutiques de mode, de restaurants, et d'hôtels. Les quartiers adjacents étaient nettement plus d'apparence asiatique, très colorés, très animés, offrant une vue sur quelques structures historiques comme la Pagode de l'Empereur de Jade.

Nous prenions du bon temps à fréquenter les restaurants, les bars, les cinémas, et naturellement, nous étions fascinés par la multitude de jolies filles, appelées Congaïs, portant des habits de soie transparente. Même si le centre de la ville était le plus impressionnant, nous étions plus attirés par le quartier chinois de Cholon, fameux pour ses marchés et ses divertissements. Quand on s'enregistrait dans un hôtel, le réceptionniste vous demandait automatiquement si vous désiriez avoir la compagnie d'une Congaï pour la nuit. Si vous acceptiez, il vous demandait d'attendre une heure ou deux pour vous la présenter.

Une demi-heure plus tard, on frappait à votre porte et une aquarelle (Mamasan) souriante entrait avec quatre ou cinq congaïs, et toutes s'asseyaient autour de la table. Elles étaient suivies par un garçon demandant ce qu'il pourrait apporter comme rafraîchissements. Seule, la Mamasan parlait français ; les congaïs se contentaient de sourire. À ce moment, l'hôte pouvait choisir la fille lui semblant la plus attirante et discuter du montant du prix à payer. Une fois l'accord conclu, l'hôte était informé qu'à son retour à l'hôtel, sa congaï l'attendrait dans sa chambre.

Pour ceux que le tarif de ces prestations haut de gamme rebutait, il existait des maisons closes où l'on pouvait payer pour beaucoup moins cher une simple passe. Il y avait aussi des fumeries d'opium mais, pendant mes cinq années à la Légion, je n'ai jamais rencontré un seul de mes camarades ayant eu recours aux drogues artificielles. Nous désirions seulement rencontrer de jolies femmes, et il y avait peu d'homosexuels dans la Légion.

Après la conclusion ou pas d'un accord à l'hôtel, nous visitions la ville, prenions un bon dîner, allions au cinéma, et prenions ensuite un rafraîchissement dans un bar français, engageant la conversation avec d'autres soldats appartenant à d'autres unités. J'aimais fréquenter les « dancings » où l'on pouvait acheter des billets permettant de danser avec la congaie de son choix. Une nuit, j'ai même gagné le premier prix pour ma prestation en boogie-woogie ! Il faut dire que c'était il y a bien longtemps.

À Saïgon-Cholon.

- * -

Guerre et politique

En 1950, le haut commandement français appelait « pacification » la guerre de guérilla menée en Cochinchine et bien que la Légion Étrangère fit de son mieux en versant pas mal de sang dans les combats, nous avions l'impression que l'effort contre le Viet Minh était insuffisant. Cela était du avant tout à des considérations de politique intérieure dictées par la présence, en France, d'un puissant Parti Communiste et par des gouvernements fluctuants.

La Guerre Froide s'accélérait dans le monde entier et il était bien connu que Ho Chi Minh envoyait des milliers de Vietnamiens en Chine pour y être équipés et entraînés.

Nous apprîmes le déclenchement de la Guerre de Corée, en juin 1950, et nous ne fûmes pas surpris d'apprendre que l'Union Soviétique et la Chine, y participaient indirectement, comme elles le faisaient en Indochine. La Légion Étrangère ayant déjà fort affaire en Indochine, ne fut pas envoyée en Corée. Les États-Unis, partie prenante dans la guerre de Corée, envoyèrent quelques observateurs à Saïgon pour déterminer quelle corrélation pouvait exister entre les deux conflits.

Un „légionnaire" sur le char.

L'année 1950 fut un succès pour le Viet Minh car, avec l'aide des communistes chinois, ils devenaient capables d'armer plusieurs groupes de trois ou quatre mille hommes qui étaient équipés et entraînés préalablement en Chine. En octobre, sous le commandement du Général Vo Nguyen Giap, de massives attaques furent lancées sur les fortifications françaises. Les Viets conquirent Cao Bang et Dong Khe, et assiégèrent les alentours. Lang Son fut évacué. Environ trois cents légionnaires perdirent la vie durant ces attaques. Le Viet Minh renforça sa pénétration des régions montagneuses à l'ouest du Tonkin afin d'établir une meilleure jonction entre, d'une part, la Chine, et d'autre part, l'Annam, le Laos, le Cambodge, et la Cochinchine.

Des renforts français furent envoyés d'Afrique du Nord, et le Général Jean de Lattre de Tassigny prit le commandement des Forces Françaises en Indochine.

- * -

Résumé de la Guerre de Guérilla en Cochinchine

Le facteur de base du succès des combats de guérilla était le support de la population civile, sans lequel celui-ci eut été impossible. Le Viet Minh, avec son idéologie communiste, avait commencé sa pénétration dans les années 30 et s'était renforcé sous la présidence de Ho Chi Minh, de 1945 à 1946. Des propagandistes furent envoyés dans les villes et dans les campagnes pour endoctriner la population contre le colonialisme et encourager les mouvements d'indépendance, sous la férule communiste. Cette action avait rencontré une audience favorable auprès des gens les plus pauvres qui n'avaient aucune idée des effets pervers et désastreux du communisme dans de nombreux pays. Les propagandistes rencontraient un succès bien moindre dans les villes mais avaient réussi à convaincre une majorité de paysans à s'élever contre l'Empereur Bao Dai ou quelconque autre dirigeant.

Un autre facteur vital pour le succès de la guérilla était la configuration spécifique de la campagne de Cochinchine. Des marécages à perte de vue, parsemés de quelques rizières, la jungle, des ruisseaux, des rivières... Les plus grandes villes disposaient de routes pavées mais, à l'extérieur, ce n'était que mauvaises routes et chemins poussiéreux. L'une des activités principales du Viet Minh, était de couper les routes menant aux espaces qu'il contrôlait, obligeant les Forces Françaises à les pénétrer seulement à pieds ou parfois par voie fluviale. Ce n'était guère une tâche facile.

Le Viet Minh organisait des petits groupes de volontaires dans les villages en les équipant d'armes légères confisquées aux Japonais et acheminées du Tonkin vers le sud.

Au fil du temps, les volontaires étaient entraînés, devenant partie de l'armée régulière, allant de village en village, de camp en camp.Les Viets payaient pour leur nourriture mais ils collectaient également des taxes et il n'y avait pas d'import-export, à part pour quelques articles de contrebande. La plupart des propriétaires français de plantations, notamment de caoutchouc, était partis laissant place au chômage, ce qui n'était pas pour déplaire au Viet Minh. S'opposer aux Viets équivalait à signer son arrêt de mort.

Durant mon séjour en Cochinchine, la principale activité du Viet Minh consistait à miner ou à détruire les routes pavées reliant les villes aux bases fortifiées françaises, de même que les routes secondaires menant aux avant-postes français et, de là, aux territoires occupés par le Viet Minh. Le trafic était ainsi interrompu ou considérablement ralenti.

Dans le cadre de cette activité, le Viet Minh provoquait des embuscades et même des attaques contre les avant-postes ou les bases françaises. Ces attaques étaient rarement couronnées de succès et même quand elles réussissaient, les Viets s'enfuyaient rapidement, avant l'arrivée des renforts français. Quand nous pénétrions sur leurs territoires, nous essayions de les encercler, mais ce n'était guère facile. Quand nous entrions dans les villages, nous n'y trouvions généralement que des femmes, des enfants, et des animaux. Les hommes s'étaient éclipsés.

Rétrospectivement, les soldats vietnamiens du sud étaient un peu moins enthousiastes et un peu moins efficaces que leurs frères du Tonkin, qu'ils combattent avec ou contre nous. A part quelques exceptions. Ce n'était pas seulement une question d'entraînement, de discipline, ou d'endoctrinement, mais aussi de culture et de traditions.

Dans les villes, le Viet Minh n'avait pas de réelle influence. Il se concentrait sur la propagande et sur les questions financières. Bien sûr, il y avait quelques actes de sabotage et de terrorisme, mais l'essentiel de son action était concentrée sur la campagne.

Le point principal était que la population du Sud Vietnam cherchait à améliorer son niveau de vie, et qu'elle était fatiguée de la guerre et de ses conséquences. Le Viet Minh faisait de son mieux pour tirer profit de cet état de chose, et beaucoup croyaient en ses promesses. D'un autre côté, la guerre mise à part, je n'ai jamais ressenti d'hostilité contre les Français et leur culture. A l'exception des champs de bataille, je n'ai jamais rencontré d'attitude inamicale, de la part de la population .

Des amis sur le terrain.

- * -

Tonkin (1951-1952)

En Cochinchine, des rumeurs circulaient sur les renforts que nécessiterait le Tonkin. Nous nous interrogions, dans l'éventualité d'un départ, sur qui nous remplacerait. Probablement des troupes locales ce qui serait insuffisant dans cette région infestée par le Viet Minh. Bientôt, nous apprîmes que la 12ème DBLE tout entière, soit quatre bataillons, serait transférée vers le Tonkin. Le 24 janvier 1951, nous quittâmes Duc Hoa pour Saïgon et nous embarquâmes pour Haiphong. Ce bateau était beaucoup plus confortable que celui qui nous avait amenés en Indochine.

Navigation de Saïgon à Haiphong.

A bord, se trouvaient aussi des soldats du 3ème REI, et un jour, j'eus une longue conversation avec l'un d'eux, alors que nous traversions les eaux agitées de la Mer de Chine. Il était originaire de Budapest, et alors que nous évoquions le bon vieux temps, il me dit qu'il avait un ami proche, un autre Hongrois, dont le prénom était Roli, qui était tombé pendant la bataille de Cao Bang, sanglante rencontre entre les Français et le Viet Minh, sur la Route Coloniale 4 vers Hanoï, en 1950. Roli était natif de Budapest où il vivait dans le 1er arrondissement. Soudain, il me vint en mémoire que j'avais connu, enfant, ce Roli, et que sa famille et la mienne avaient tissé des liens d'amitié. Nous vivions dans le même immeuble ! Je me rappelais même que nous avions joué ensemble aux pompiers, dans les escaliers.

Je fus étonné d'apprendre que cet ami d'enfance avait, comme moi, quitté la Hongrie, rejoint la Légion, et atterri en Indochine où il devait perdre la vie. Deux parcours parallèles mais une fin différente. Destinée ou coïncidence ?

Comme nous voguions vers le nord, au climat subtropical, la température baissa considérablement. Pour la première fois, depuis deux ans, nous dûmes même porter des vestes ! Le 28 janvier, avant d'accoster à Haiphong, nous entrâmes dans le Golfe du Tonkin et nous fûmes environnés par une multitude d'îlets qui formaient comme des tours de formes inimaginables.

- * -

Bataillon mobile

Notre unité fut transportée à Vin Yen qui devint notre première base et se mua en bataillon mobile. Nous devions évoluer de base en base, en fonction des mouvements de l'ennemi. Nous dormions habituellement dans des tentes ou dans des villages abandonnés, et passions le plus clair de notre temps dans des camions. Ceux-ci étaient aménagés avec une rangée centrale, face à l'extérieur. Cela nous permettait, en cas d'attaque, de tirer directement du camion et de sauter au dehors sans bousculades.

Des prostituées voyageaient dans le même type de camion découvert. Mais à la place de fusils, elles avaient des vêtements colorés et des foulards qui flottaient au vent. Cela nous rendait joyeux et nous amenait à penser à la petite amie que nous avions laissée avant de rejoindre la Légion, ou même aux « *marraines de guerre* » avec qui nous échangions parfois de tendres missives, sans les avoir jamais rencontrées.

L'intendance

A cette époque, les maisons closes avaient disparu en France, condamnant les prostitués à « faire le trottoir ». Mais la Légion bénéficiait d'un régime d'exception en Afrique du Nord et en Indochine. Il y avait des maisons closes réservées aux militaires et sous stricte surveillance médicale. En Indochine, quelques filles voyageaient avec nous mais la plupart restaient dans des bases relativement sûres. Cette politique était légitime car elle contribuait à assurer l'équilibre physique et psychique de jeunes hommes et diminuait les risques de viols de femmes autochtones, pendant les opérations militaires.

L'atmosphère au Tonkin était différente de celle de Cochinchine. Alors que dans cette dernière nous devions faire face à une guérilla largement aidée ou au moins tolérée par la population locale, au Tonkin, la majorité des habitants était en notre faveur ou au minimum, nous acceptait. De nombreux villages avaient même été armés et possédaient leurs propres fortifications destinées à les protéger des attaques du Viet Minh. Et il n'y avait pas de mines sur les routes !

Dans les villes, il n'y avait pas de danger. Ni terroristes, ni saboteurs. Les soldats vietnamiens qui combattaient à nos côtés étaient mieux entraînés et plus efficaces que leurs compatriotes de Cochinchine. Cet aperçu plus favorable était également du au fait que de nombreux Vietnamiens chrétiens vivaient au Tonkin.

Décorations militaires de nos partisans.

Il faut cependant préciser que cette situation était surtout le fait des grandes villes et des villages bordant le Delta du Fleuve Rouge.

Dès que vous quittiez cette région et parveniez en terrain montagneux, spécialement en bordure de la frontière chinoise, la situation était complètement différente. De nombreux civils s'étaient regroupés derrière les lignes défensives françaises. L'armée du Viet Minh était, là, beaucoup mieux entraînée qu'en Cochinchine, sous le commandement du Général Giap, que nous respections pour ses aptitudes stratégiques.

Les Viets étaient équipés d'armes automatiques, de mortiers, et de matériels antiaériens. Naturellement, les P40 venaient de la Chine communiste et de l'URSS.

Le Viet Minh contrôlait déjà un vaste territoire, et sa stratégie était de déplacer ses troupes et ses équipements, de nuit, de façon à échapper aux interventions de l'aviation française, et de concentrer ses attaques sur les places-fortes françaises. Le Viet Minh ne maintenait pas de front permanent ; il se contentait de se déplacer et, en dernier ressort, de faire retraite derrière la frontière chinoise.

Dès que notre unité recevait une alerte sur l'attaque d'une position française, nous sautions immédiatement dans nos camions et nous dirigions vers l'ennemi pour engager le combat, aussi vite que possible. Notre action était souvent couronnée de succès, mais parfois nous arrivions trop tard. Un jour, alors que nous nous cheminions vers notre destination, nous rencontrâmes plusieurs camions chargés de soldats algériens blessés ou morts qui se dirigeaient dans la direction contraire. Profitant de notre arrêt devant l'unité algérienne, les Viets firent retraite dans les montagnes. Nous ne pûmes les poursuivre car nous devions aider les Algériens à se réorganiser.

Des Viet Minh en vue.

Dans cette zone placée sous la défense de notre bataillon mobile, il y avait aussi des fortifications défendues par des soldats marocains, algériens et tunisiens, de l'Armée Coloniale.

Le Viet Minh craignait particulièrement la Légion et concentrait l'essentiel de ses forces sur les autres unités, par des actions de guérilla. J'acquis la conviction, à plusieurs reprises, que l'ennemi était angoissé par la simple rumeur que la Légion approchait. Curieusement, bien des années plus tard, en Europe, j'eus l'occasion de dire à un interlocuteur que j'avais servi dans la Légion, et son visage devint pâle ! Une réaction due à la réputation méritée de cette unité d'élite.

Quand le Général Giap donnait l'ordre d'attaquer d'importantes positions de la Légion, il veillait à ce que ses forces soient toujours supérieures en nombre, à environ au moins cinq contre un. De même, le Viet Minh n'hésitait pas à sacrifier la vie de ses soldats afin de harceler la dite Légion. Ce fut le cas de l'Armée Rouge dont l'arrière-garde était cernée par des commissaires du GPU chargés d'abattre ceux qui auraient la mauvaise idée de faire retraite. D'un côté, les Waffen SS (Sturm Staffel), de l'autre, le GPU. Choix cornélien !

Les troupes nord-africaines étaient légèrement moins redoutées, en particulier parmi les Algériens. Ces derniers n'allaient d'ailleurs pas tarder à se soulever contre la Métropole pour acquérir leur indépendance, et à combattre les Forces Françaises dont la Légion. Les Noirs d'Afrique étaient relativement peu nombreux et leur tâche consistait essentiellement à garder les édifices publics derrière les lignes de front. Le poids de la guerre était largement supporté par la Légion. Une définition illustre particulièrement l'importance de cette unité :
« Loyaux envers une discipline librement consentie et le respect dû à leur nouvelle identité,les Légionnaires devinrent des fils de France, non par le sang de naissance mais par le sang versé ».

Notre bataillon mobile allait de camp en camp, vers les régions rendues dangereuses par l'avancée du Viet Minh. Je conservais mon poste de comptable Mon bureau consistait désormais en une tente avec quelques tables et chaises, une rangée de boites faisant office de tiroirs de rangement, et une antique machine à écrire. Je participais à toutes les opérations militaires importantes impliquant notre Compagnie de Commandement et, bien sûr, je continuais à assumer mes tours de garde. Ces dispositions étaient naturellement différentes de celles que j'avais connues dans la base fortifiée de Duc Hoa.

Nos camps étaient entourés par deux lignes de défense. La première, la plus dense, était équipée d'armes lourdes. La plus éloignée consisait en seulement quelques hommes munis de grenades à main. En cas d'attaques ennemies, ils devaient lancer leur grenades afin de créer une succession de détonations, puis se replier immédiatement vers la première ligne. Tous les gardes de celle-ci et tous les autres soldats alertés par le bruit des détonations, pouvaient alors se ruer vers la zone numéro un, afin d'entamer le combat. Cette méthode fut utilisée pour la bataille de Hoa Binh.

L'activité n'était pas forcément très forte chaque jour ; avec une faible protection contre la chaleur et le soleil d'été, on ressentait rapidement ce que les Français appellent le cafard. Celui-ci pouvait conduire à boire trop et à adopter un comportement irrationnel. Les soldats, spécialement ceux qui sont en guerre, doivent rester occupés et alertes. Malheureusement, l'un de nos camarades, un garçon habituellement tranquille, devait avoir oublié cette règle ; il commença à crier et à faire usage de son arme, un peu partout. Nous dûmes l'immobiliser et le désarmer avant qu'il ne blesse quelqu'un. Le capitaine ordonna de l'attacher après un arbre jusqu'à ce qu'il se calme. Quand il reprit ses esprits, il fut transféré, sous bonne garde, dans une tente où il demeura jusqu'à ce qu'un prochain convoi le conduise à Hanoï. Je n'ai aucune idée de ce qu'il advint de lui par la suite.

Marche ou crève.

Je fus témoin d'une situation similaire au cours d'une autre journée, particulièrement chaude. Nous traversions un pont au dessus d'une rivière profonde, quand soudain, un garçon qui devait avoir perdu l'esprit et ne supportait plus la chaleur, sauta dans la rivière. Il ne refit jamais surface, et nous n'eûmes pas, sur le moment, le réflexe de le repêcher. Quand nous nous décidâmes à le faire, nous constatâmes que l'eau était étonnamment froide et nous en conclûmes que, suffoqué par la différence brutale de température, il avait du succomber à une crise cardiaque. Ainsi allaient les journées, partagées entre l'ennui et l'allégresse.

Le 6 juin, 1951, je fus nommé caporal et informé que j'avais été sélectionné pour suivre des cours de comptabilité. La durée de base de mon engagement en Indochine ayant expiré, je signais pour une année supplémentaire.

Vacances à Hanoï.

Bien sûr, je commençais à être fatigué de la chaleur permanente mais il y avait davantage d'action ici et la paye était supérieure à celle d'Afrique du Nord.

Je dis au revoir à mes camarades et fus conduit jusqu'à Hanoï. J'étais de retour dans une grande ville et heureux de ce changement d'environnement. Les cours étaient intéressants et environ un mois plus tard, je reçus un Certificat d'Aptitude Technique en Comptabilité. Dans la foulée, j'eus la fierté d'être désigné comme quartier-maître en charge de l'ensemble de tout l'armement du Troisième Bataillon (formé de quatre compagnies) de la 13ème DBLE ! C'était une grande nouvelle !

- * -

Gia Lam

L'administration de notre Bataillon Mobile avait été quelque peu réorganisée. L'armement, la comptabilité, et les fournitures avaient été centralisés dans une enceinte moderne, près d'un aérodrome stratégique à Gia Lam, dans une agréable banlieue d'Hanoï. J'avais à ma disposition deux énormes dépôts de stockage contenant toutes sortes d'armes, de munitions, de mines, etc... ; et je tenais le compte précis de ces fournitures ainsi que des armes attribuées aux soldats. J'avais également, en permanence, un camion et un chauffeur à ma disposition, ainsi qu'une chambre confortable dotée d'une salle de bains. J'avais même un domestique vietnamien attaché à mon service. Bien sûr, j'avais des supérieurs, mais j'étais pleinement responsable de mon service et libre d'agir en conséquence.

Ma tâche principale était de procurer les fournitures nécessaires aux compagnies. Si l'une d'elles se trouvait éloignée des autres, un autre camion pouvait m'être assigné. Initialement, les bases du bataillon, dans son intégralité, étaient situées dans des zones relativement sûres ; les fournitures pouvaient donc leur être délivrées dans nos camions, sans avoir recours à un convoi.

Quand je n'étais pas occupé par mes taches administratives, je pouvais aller et venir à ma guise. Il n'y avait pas de couvre-feu pour moi. Gia Lam avait des rues animées et colorées avec des quantités de petits restaurants, et même un bordel avec une estrade ouverte sur laquelle se tenaient des congaies souriantes, jouant de la musique. La patronne d'un petit restaurant m'ayant trouvé à son goût me proposa d'aller à l'arrière de l'établissement et de l'attendre. J'acceptais son invitation et m'assis devant une table centrale, en sirotant mon verre.

Alors que je l'attendais, je sentis une odeur assez déplaisante et découvris une cage sur la table avec, à l'intérieur, un chien dodu, prêt à être consommé dans la soupe du restaurant ! Cette découverte nauséabonde mit fin à mon idylle naissante avec la patronne de la gargote...

Un autre jour, je fis la connaissance d'une ravissante jeune fille répondant au joli nom de Thi Sau. Elle et ses parents étaient d'accord pour que, moyennant une somme raisonnable, elle devint ma maîtresse permanente, autrement dit mon « épouse temporaire ». Elle me serait fidèle mais je pourrais divorcer à tous moments. Je louais donc une chambre pour elle, près de notre base, et je jouissais ainsi régulièrement de sa compagnie. Quand nous commençâmes à sortir ensemble, je notais qu'elle marchait toujours derrière moi. Je lui demandais de se tenir à mon côté mais elle m'expliqua que serait un manque de respect envers moi et que les passants la jugeraient impolie !

Je reçus de bonnes nouvelles de ma mère. Elle avait obtenu un visa pour les États-Unis et son garant à New York, propriétaire d'un magasin huppé de tapis d'Orient, l'avait engagée. Elle avait pris une réservation sur un bateau devant quitter le port de Hambourg, en décembre. J'étais heureux pour elle car la vie en Allemagne était encore difficile à cette époque.

Je passais également de bons moments avec mon ami Dieter qui était aussi affecté à notre base de Gia Lam. Nous avions de longues conversations sur notre avenir après notre service à la Légion. Nous imaginions que nous pourrions, par exemple, trouver un emploi dans une plantation de tabac à Madagascar. Les choses allaient prendre une toute autre direction.

- * -

La Bataille de Hoa Binh

Au sud-ouest de Hanoï, dans une région montagneuse inhabitée, se trouvait la petite ville de Hoa Binh, capitale de la petite tribu des Muong, à environ soixante dix kilomètres, par la Route Coloniale 6, de Gia Lam. D'autres routes secondaires reliées à Hoa Binh revêtaient une grande importance pour le ravitaillement du Viet Minh. Le Haut Commandement français décida alors d'occuper et de fortifier Hoa Binh. Cela devait être fait par étapes, en commençant par la rénovation de la Route 6, qui était dans un très mauvais état. Pour ce faire, une série de petites fortifications devait être construite. Des centaines de prisonniers étaient assignés au travail manuel, ce qui impliquait naturellement de les surveiller. Cette tâche incombait entièrement à la 13ème DBLE.

Route Coloniale 6.

Les travaux sur la route 6 allaient bon train mais le Viet Minh, conscient que notre objectif était le renforcement de Hoa Binh, multipliait les attaques et les embuscades. L'une de leurs stratégies était de concentrer ses attaques sur les tournants de la route longeant la région montagneuse. Quand le convoi était engagé à moitié sur ce tournant, l'embuscade était déclenchée à partir des massifs montagneux. Dans ces conditions, la situation devenait très difficile car il était impossible de voir ce qui se passait à l'autre extrémité, et la capacité des véhicules blindés se trouvait limitée. De plus, le Viet Minh avait commencé à miner la route ce qui nous contraignait à effectuer de fréquentes patrouilles.

Je n'étais pas présent quand nous atteignîmes et occupâmes Hoa Binh, mais quand j'y arrivais pour la première fois, je n'y découvris que des ruines ; pas une seule maison debout. Il n'y avait d'ailleurs plus un seul habitant. Je présumais que l'ensemble de la population avait fui ou avait été entraînée de force. De la route 6, on accédait à Hoa Binh par un petit pont en pierre, enjambant la Rivière Noire, qui avait été détruit. Heureusement, la rivière n'était pas profonde et nos véhicules pouvaient aisément la traverser. La ville était située au milieu d'une vallée entourée de montagnes. Il y avait une assez longue surface plane qui pouvait être utilisée comme terrain d'aviation. Nos positions défensives furent entourées de fil barbelé et de mines .

En novembre 1951, le Viet Minh, sous le commandement du Général Giap, avait regroupé sur la zone, 3 divisions composées chacune de trois régiments, ainsi que de l'artillerie et des batteries antiaériennes. Ce dispositif nous encerclait, sous le couvert des montagnes boisées tout proches . Nous ne pouvions voir l'ennemi, contrairement à ce dernier.

Circuler le long de la route 6 devenait de plus en plus difficile. Quand je faisais la navette, mon chauffeur, un Bulgare musulman, qui ne dédaignait pas de boire une grande quantité de bières, conduisait aussi vite que possible sur la route cahoteuse, estimant que c'était le meilleur moyen d'éviter les mines. Bonne chance ! Une fois, notre camion était plein de caisses de grenades. Par sécurité, nous avions placé les fusibles dans différentes caisses placées sur le dessus de la cargaison.

Notre avancée sur la route, entre montées et descentes, entre trous et pierres, entre boue et troncs d'arbres, entre accélérations et braquages, provoquait des secousses permanentes.

La traversée de la Rivière Noire.

En regardant l'arrière de notre cargaison, je constatais que les caisses contenant les fusibles s'étaient ouvertes. Nous nous arrêtâmes pour jeter un coup d'œil sur l'ensemble et constatâmes que nombre de fusibles, tombés hors de leurs caisses, se trouvaient répandus entre celles contenant les grenades.

Nous n'avions ni la force, ni le temps de rassembler les fusibles dispersés, en fouillant tout le camion. D'un autre côté, que se passerait-il si un fusible explosait, provoquant l'explosion des grenades ? Nous décidâmes de tenter notre chance. Nous bûmes une gorgée de bière et nous continuâmes notre chemin. Rien ne se passa et nous arrivâmes sans encombres à Hoa Binh.

Rouler sur la route 6 devenant de plus en plus dangereux, nous décidâmes de diminuer la fréquence de mes voyages et d'emmagasiner un nombre considérable d'armes et de munitions à Hoa Binh, où je serais temporairement stationné. Je continuerais à faire des aller et retour vers Giap, mais moins souvent. De nombreux cadavres de Viet Minh jonchaient la route 6, et leurs os séchaient au soleil. Hélas, il y avait aussi nombre des nôtres.

Pour stocker nos armes, nos prisonniers avaient creusé une large tranchée que nous avions couverte par une toile de tente. C'était une bonne protection dans la mesure où nous n'aurions pas de tir direct, ce qui heureusement ne se produisit pas. Je dormais là, seul. Un jour, alors que je marchais dans les ruines de Hoa Binh, j'eus la surprise de trouver un vieux gramophone et quelques disques. Par miracle, ce vestige du passé fonctionnait encore. Mon disque favori était « *La Paloma* ». Ainsi, je devais être le seul, parmi des centaines de garçons, à pouvoir écouter de la musique !

La circulation sur la route 6 étant devenue presque impossible, nous avions recours, de plus en plus, à l'aviation. Sa première tâche était d'évacuer les blessés. Les avions atterrissaient et repartaient immédiatement : tandis que les hélices tournaient encore, les blessés étaient installés dans l'avion, le plus vite possible, et celui-ci décollait aussitôt en essayant d'échapper aux tirs ennemis. Car, quand un avion approchait, les Viets ouvraient le feu, à partir des montagnes. Dans le but de protéger les atterrissages, nous avions demandé à nos prisonniers de construire une haute muraille qui pouvait, au moins partiellement, cacher nos appareils à la vue de l'ennemi.

En vue de réduire au silence l'artillerie des Viets, l'un de nos chasseurs-bombardiers s 'apprêtait à attaquer ses positions, lorsque soudain nous le vîmes se désintégrer et s'écraser. Un autre de nos avions était en opération. Aux mouvements de l'appareil, nous pûmes réaliser la colère du pilote. Ce dernier s'approcha du terrain ennemi, en vue de le bombarder, mais, nous le vîmes avec horreur être descendu à son tour. La destruction de ces deux avions s'ajoutait à celles des nombreux appareils détruits au sol. Je me demandais pourquoi nous n'avions pas d'artillerie dans les fortifications d'Hoa Binh. Peut-être y avait-il un ou deux canons quelque part, mais je ne les ai jamais vus ni entendu leurs tirs. Nous avions seulement une grande quantité de mortiers.

Au mépris du danger, et pour honorer l'engagement des légionnaires, du vin rouge et notre solde nous étaient régulièrement parachutés. Le vin était du concentré : il devait être mélangé à de l'eau et n'avait pas très bon goût. Mais c'était mieux que rien.

L'argent, ne nous était pas de grande utilité car il n'y avait rien à acheter. Mais nous l'avions en poche et pouvions le jouer au poker. Des renforts de troupes et du matériel nous étaient également parachutés.

Nous sentions qu'une confrontation de grande envergure se préparait. Nous gardions à l'esprit que nous étions à Hoa Binh pour paralyser les mouvements des Viets sur les routes secondaires de cette région, et pas pour les attaquer dans la forêt. Mais la stratégie du Général Giap était de contre-attaquer en coupant notre approvisionnement en provenance de Hanoï et en nous fixant dans Hoa Binh. Il en résultait un statu quo pour les deux parties. Seule une confrontation d'envergure pouvait débloquer la situation.

Nous restions vigilants. Nous avions des gardes, la nuit, qui découvraient qu'à la faveur de l'obscurité, les Viets creusaient des trous près de nos positions, en vue d'approcher nos lignes, en cas d'attaque. Cela se produisit en janvier, quand nombre de Kamikazes Viets sautèrent au dessus de nos barbelés avec des explosifs et se firent exploser, de manière à permettre l'assaut des troupes vietminh. C'était méconnaître l'endurance de la Légion, et environ une heure plus tard, l'ennemi devait faire retraite vers les montagnes, laissant derrière lui, quelque trois cents morts et de nombreux blessés.

Le Général de Lattre de Tassigny, commandant en chef des troupes françaises en Indochine, estima que rester à Hoa Binh était trop coûteux, au regard du nombre de troupes et de matériels déployé, et il décida de l'évacuer ainsi qu'une partie de la route 6. Cette décision fut prise au moment où, de toute évidence, le Général Giap se préparait à lancer une attaque d'envergure.

Le soir du 23 Février, 1952, je fus informé que nous devions quitter Hoa Binh le lendemain, mais que la zone où se trouvait mon entrepôt devait être évacuée immédiatement. En conséquence, je décidais de placer tout mon matériel sur deux camions et de partir. Ne pouvant assurer seul cette manutention, je demandais qu'on mette des prisonniers à ma disposition pour exécuter le travail, mais on m'informa qu'il n'y en avait plus de disponibles et qu'on me dépêcherait, dès que possible, des soldats pour m'aider. Je passais alors la nuit seul, dans un « no man's land » entouré par un armement qui aurait fait les délices des Viets. Heureusement pour moi, ils ne savaient pas que l'endroit venait d'être évacué et que j'étais seul à écouter, toute la nuit, « La Paloma ». Depuis cette date, cette mélodie est restée l'une de mes favorites.

A l'aube, le Viet Minh commença son attaque.

A peu près au même moment, mes deux camions, avec quelques-uns de mes camarades, arrivèrent. Nous les chargeâmes et nous nous engageâmes sur la route, avec en toile de fond, le bruit sourd des mortiers. J'étais en possession d'un laissez-passer, un document qui devait donner priorité à mon camion et à son chargement de mines. Nous avancions prudemment en traversant la Rivière Noire menant à la route 6.

Le Viet Minh avait maintenant lancé le gros de son attaque, et nous voyions, à travers la vallée, apparaître des milliers de baïonnettes se reflétant au soleil levant. Les Viets nous chargèrent et notre arrière-garde (que je rejoignis) fit son possible pour les ralentir en les arrosant de balles, mais les hordes continuaient à avancer ! Soudain, plusieurs de nos avions arrivèrent et commencèrent à les bombarder au napalm. Les avions n'arrêtaient pas d'aller et venir en multipliant les bombardements. Les explosions au napalm ressemblaient à celles de petites bombes atomiques, et elles immobilisèrent les assaillants.

Malheureusement, nous eûmes également de nombreux blessés, et je n'oublierai jamais la vue de l'un de nos camarades, soutenu par deux d'entre nous qui, avec un regard incrédule, tenait ses intestins entre ses deux mains ! Je pris quelques blessés à l'arrière de mon camion et continuait à conduire sur la route 6. Après avoir traversé la Rivière Noire, la circulation s'améliora un peu, mais il y avait encore de nombreux blessés attendant d'être évacués. Grâce à mon laissez-passer, j'avais priorité.

Un peu plus loin sur la route, nous dûmes nous arrêter à l'une de nos petites positions fortifiées. Il semblait que la présence du Viet Minh avait été détectée et la route avait été fermée jusqu'à ce que nos patrouilles puissent déterminer ce qu'il en était exactement. La plupart des membres de notre compagnie se trouvaient là et le capitaine décida de nous arrêter pour la nuit. Je pénétrais dans l'un de nos abris et me trouvais en compagnie d'une douzaine de soldats alliés vietnamiens. Soudain, des grenades commencèrent à exploser tout autour de nous. Nous étions assis en cercle et je notais que tous avaient leurs yeux fixés sur moi, m'interrogeant du regard et attendant mes ordres. Ne sachant pas vraiment quoi faire, je souris et leur dit : « *On y va !* ».

Patrouille Tonkin.

Nous prîmes tous notre position dans les tranchées entourant le camp, sous le bruit des explosions. Notre capitaine ordonna une contre-attaque et nous partîmes à l'assaut ; je notais alors que le jeune lieutenant se trouvant à mes côtés, restait immobile. Je le secouais et lui demandais de bouger. Il geignait, murmurant que ses yeux avaient été durement atteints. Je rejoignis les autres et et nous nous trouvâmes de nouveau sous le feu des mortiers. J'étais étendu à terre, regardant la surface boueuse et jaunâtre du sol ; je me le rappelle encore nettement aujourd'hui. Soudain, une voix venue de Dieu sait où, résonna dans ma tête et me dit que je n'étais pas né pour mourir ici, dans cette boue jaunâtre.

Nous continuâmes notre contre-attaque et repoussèrent les Viets qui laissèrent derrière eux, non seulement de nombreux tués, mais aussi une importante quantité de mortiers.

De retour au camp, nous retrouvâmes le jeune lieutenant, frais émoulu de l'école Militaire de Saint-Cyr et qui venait de rejoindre la Légion. Il avait perdu un œil. Quelle tristesse ! Nous avions entendu dire que la demande de jeunes officiers, pour servir dans la Légion, était grande et que seuls les meilleurs étaient sélectionnés.

Comme mentionné plus haut, j'étais à côté de lui quand il fut blessé. Cela me rappela une ancienne chanson militaire allemande, « *Ich hatt, einen Kameraden* » (J'avais un camarade). Voici la traduction de quelques lignes :

« Une balle est venue en sifflant,
est-elle pour moi ou pour toi ?
Il fut touché par elle ;
Il tomba à mes pieds, comme s'il faisait partie de moi !
Il voulut encore tendre sa main vers moi, alors que je rechargeais mon arme.
« Je ne peux te donner ma main pour le moment,
reste en vie éternellement, mon cher camarade ! »

Là encore, comme cela m'arriva plusieurs fois, je me pose la question : pourquoi cette balle a touché le lieutenant et pas moi ? À vrai dire, la réponse n'est pas simple. Le Destin peut jouer, dans nos vies, un rôle plus important qu'on l'imagine.

Le lieutenant n'était pas le seul à avoir été atteint. Dans notre retraite sur la route 6, notre unité avait perdu dix-sept tués et comptait plus de cinquante blessés. Il était dit que cela ne devait pas être ma destinée.

- * -

Hanoï et Gia Lam

Le jour suivant, nous arrivâmes à Gia Lam et je pus enfin me relaxer à ma confortable base. Il m'était agréable de revoir mon ami Dieter, ainsi que mon épouse éphémère ! Je repris ma tâche principale de délivrer les fournitures avec des allers-retours, aux unités de mon bataillon. Le 1er avril 1952, j'étais promu au grade de caporal-chef.

La traversée de la Rivière Rouge.

Après la retraite de Hoa Binh, le Troisième Bataillon fut assigné au Delta de la Rivière Rouge, afin de maintenir le Viet Minh en dehors du centre du Tonkin. Un jour, je rejoignais l'un de mes camarades pour un tour de garde. Nous étions assis, tous les deux, sur un tertre surmontant une vaste zone de champs de riz dont la couleur vert-tendre, contrastait avec le bleu de l'horizon. C'était un solide garçon originaire de Serbie qui, durant la Deuxième Guerre Mondiale, avait combattu dans les rangs du Maréchal Tito. S'il avait été pris par les Allemands ou par les Croates, il aurait été pendu à un lampadaire. (Oui, dans ces temps troublés, des routes entières étaient « décorées » de la sorte.) Au regard de notre passé, nous autres légionnaires, devenions vite d'inséparables camarades. Il me dit : *« Regarde ce magnifique tableau. Rien n'est plus beau que d'être un soldat, tenant son arme, et jouir de la beauté de la nature ! »*.

Mon ami Dieter, qui était pris par des tâches administratives, dans notre base de Gia Lam, commençait à se plaindre d'être accaparé par ce travail alors qu'il aurait préféré combattre les Viets, face-à-face. Cette attitude me semblait être un héritage de son ascendance prussienne ! Oui, les yeux dans les yeux, sur le champ d'honneur, on y va ! En fait, je comprenais qu'il avait besoin d'action. Le souhait d'un véritable soldat !

Il est clair qu'un soldat fier de servir son drapeau, n'est en rien comparable aux tenants des simples bagarres. En réalité, les soi-disant durs à cuire des gangs de rue sont très loin de l'idéal militaire. Ils seraient les premiers à baisser leur pantalon (ou même pire) s'ils avaient à faire face au froid scintillement des baïonnettes !

Je dis à Dieter que je comprenais ses sentiments. D'un côté, cette occupation à Gia Lam, n'était pas désagréable, mais de l'autre, nous étions engagés dans la Légion pour combattre le communisme et le Viet Minh, pas seulement pour fréquenter les bars. Pour ma part, j'avais la chance de pouvoir, tout à la fois, faire face à l'ennemi, et jouir de ce que l'on appelle « le repos du guerrier ».

Dieter parla à ses supérieurs et obtint d'être transféré de Gia Lam vers une unité combattante. La veille au soir de son départ, nous allâmes dîner dans un restaurant chinois. Il était d'humeur morose et me dit qu'il ressentait comme une prémonition défavorable. Je lui suggérais de ne pas trop y prêter attention car nous avions tous des jours de cafard. Mais il persista et tint à m'écrire l'adresse de sa famille, en me demandant de la prévenir au cas où il lui arriverait malheur. Il me parla aussi de la mort de son père et de son dernier souhait. Sur son lit de mort, entouré de sa famille, il demanda qu'on ouvre une bouteille de champagne pour porter un dernier toast. Je me dis alors qu'il était inhabituel, pour un soldat, d'avoir ce genre de prémonition.

Après notre dîner, je demandais à Dieter d'aller chercher son arme et de l'apporter à l'armurerie afin que je la lui échange pour une mitraillette de dernier modèle. Cela entrait dans mes attributions. Quand il arriva, je remplis les deux chargeurs avec les munitions appropriées, en plaçant à chaque tiers une balle phosphorescente. Cela l'aiderait quand il viserait dans l'obscurité et causerait de sévères blessures à l'ennemi. Nous nous serrâmes alors la main pour la dernière fois.

La dernière salve d'honneur.

Quelques jours plus tard, le 11 mai 1952, j'appris que Dieter avait été tué. Il participait à une attaque contre les Viets et, alors qu'il avançait dans une zone boisée, un ennemi surgit soudainement et lui tira trois rafales sur la poitrine et une sur la tête. Son corps fut rapatrié à la base de Gia Lam, et j'assistais à ses funérailles au cimetière militaire français d'Hanoï. J'avais préféré de pas regarder son corps sans vie, afin de garder une image de lui vivant et avec le sourire.

J'eus alors le devoir d'informer sa famille de sa disparition. Écrire une lettre de condoléance n'était pas chose aisée et me prit pas mal de temps. Comment annoncer un tel événement en causant le moins possible de peine ? Ma conclusion fut d'aller droit au but et d'exprimer ensuite mes condoléances. Les autorités militaires françaises se chargeaient d'annoncer à sa famille la mort d'un légionnaire, mais cela prenait généralement pas mal de temps. Et si son adresse lui était connue, le consulat de France envoyait un représentant visiter la famille.
Quelque temps plus tard, je reçus, en retour, une lettre de la mère et de la sœur de Dieter. Ce fut le début d'une correspondance soutenue avec elles.

Mais le temps court, et mon contrat de trois ans en Indochine était sur le point d'expirer. On me proposa de signer pour un prolongement de six mois, mais je refusais. Je commençais à ne plus supporter la chaleur. Le 2 juillet 1952, je confiais mes pouvoirs à un autre caporal-chef après une révision des matériels et des livres de compte. Je fus transféré dans un camp de transit et informé que je devais quitter Haiphong au plus tard à la fin du mois. Je dis au revoir à chacun et souhaitais bonne chance à mon épouse éphémère.
Dans le camp de transit, j'attrapais la jaunisse. Je ne pouvais rien garder dans mon estomac. Cette affection pouvait avoir pour moi de fâcheuses conséquences, car le règlement interdisait à toute personne atteinte de maladie, de monter à bord d'un bateau. Heureusement, je connaissais le médecin en charge de l'infirmerie. Il accepta de ne pas mentionner mon état et de continuer à me soigner, dans l'espoir que je me sentirais mieux avant l'embarquement. Par chance, c'est ce qui arriva. Nous voy-

ageâmes en train d'Hanoï jusqu'au port de Haiphong. Comme j'avais faim, j'avalais un bol de soupe chinoise épicée, craignant de ne pas trop le supporter. Miracle, tout se passa bien et ce fut la fin de ma jaunisse !

- * -

Vue d'ensemble sur la guerre du Tonkin

Ho Chi Minh et le général Giap se conformaient à la stratégie, à la tactique, et à la logistique de Mao Tse Tung. Les principales lignes directrices étaient :

° Stimuler et organiser les populations
° Réaliser l'unification politique interne
° Équiper les forces
° Recouvrer une force nationale
° Détruire les opposants à cette force
° Regagner les territoires perdus

Comme nous l'avions vu à Hoa Binh, le Viet Minh disposait désormais de forces bien entraînées, ainsi que de l'artillerie et autres armes nécessaires. Il était en outre soutenu matériellement et financièrement par la Chine et l'Union Soviétique. De plus, il avait l'avantage de choisir ses objectifs, alors que les Français devaient se contenter de maintenir continuellement l'efficacité de leurs positions fortifiées, tandis que les Viets pouvaient frapper n'importe où. Poursuivre les Viets dans les montagnes, ou sur le territoire chinois, était une tâche très difficile.

En conséquence de quoi le général de Lattre de Tassigny décida de créer la Ligne de Lattre qui, en résumé, consistait à fortifier les contours du Delta de la Rivière Rouge, l'artère vitale du Tonkin. Des forces mobiles se tenaient prêtes à intervenir contre les attaques du Viet Minh. D'un

Le cimetière militaire à Hanoï.

côté, cette stratégie fut inopérante dans certaines parties de l'Indochine où le Viet Minh réussit à s'implanter, de l'autre, elle permit aux Forces Françaises d'occuper des situations importantes dans le territoire indochinois. À son décès, le général de Lattre de Tassigny fut remplacé par le général Raoul Salan.

A l'époque, Hanoï, Haiphong, et l'ensemble du delta, restaient stables, mais aucun plan de rechange ne fut établi. C'était le statu quo. La population civile de notre région était paisible et plutôt bien disposée à l'égard de l'administration française.

- * -

Transfert du Tonkin vers la France, via l'Algérie (1952)

Le 24 juillet 1952, nous prîmes place à bord du paquebot de ligne : SS Pasteur, dans le port de Haiphong. C'était un énorme, beau, et même luxueux navire qui avait transporté de nombreux passagers civils fortunés et qui avait été réquisitionné pour la gent militaire. Il était bien différent du bateau quelque peu délabré, le *SS Oyannox* et voguait deux fois plus vite. Alors, les dauphins ne pouvaient hélas pas rivaliser avec lui ! Le *Pasteur* commença son périple par un arrêt en Corée où il embarqua des soldats français (Bataillon français de la guerre de Corée) vêtus d'uniformes américains. Puis il fit escale à Haiphong où nous embarquâmes. Il fit de même à Saïgon et à Tunis.

SS Pasteur

J'eus le plaisir de retrouver à bord mon ami Hans, avec qui j'avais signé mon engagement, et mon ami Ivan. Nous avions de longues conversations où nous évoquions nos souvenirs et notre présent. Les cabines étaient confortables et la cuisine délicieuse. Nous traversâmes tranquillement l'Océan Indien, stoppâmes brièvement à Colombo, et entrâmes bientôt dans la Mer Rouge et le Canal de Suez. Là, une nuit, nous fûmes à l'arrêt pour, autant que je me le rappelle, pour des manœuvres de trafic . Pour meubler nos heures creuses, cinq d'entre nous, avaient pris l'habitude de jouer au poker. Pour de mystérieuses raisons, je gagnais souvent, tout au long de la nuit ! Cela ne m'était jamais arrivé auparavant ni ne devait plus se reproduire à l'avenir, mais quel plaisir d'être aussi chanceux !

Le 10 août 1952, nous arrivâmes à Tunis où nous débarquâmes, et nous eûmes le plaisir de visiter la ville avant de prendre le train pour Sidi-Bel-Abbes, où nous arrivâmes le jour suivant. Nous fûmes accueillis par un orchestre jouant des airs de la Légion, et fûmes traités royalement.

Nous fûmes interrogés sur le choix de notre congé. Plusieurs options étaient disponibles. La plupart des vétérans d'Indochine allèrent à Agadir, au Maroc, et quelques-uns à La Ciotat, sur la côte française dite des calanques. Je choisis cette dernière destination et j'eus la chance d'y être affecté. Le 20 août, nous quittâmes Sidi-Bel-Abbes pour Oran, où nous embarquâmes sur un navire qui arriva à Marseille, le lendemain. Nous arrivâmes donc à La Ciotat le 21 août, juste à temps pour fêter mon vingt deuxième anniversaire !

La Ciotat est un endroit idéal si vous recherchez une atmosphère paisible. Il y avait une jolie plage, de nombreux petits restaurants servant une délicieuse cuisine méditerranéenne, des boutiques, des bars, des dancings, enfin tout ce qu'il fallait pour passer d'agréables moments. Les fenêtres étaient fleuris, les rues tranquilles, et notre camp n'avait pas vraiment l'aspect militaire. Il était confortable, propre, et offrait une excellente cuisine. Nous n'avions pas à nous occuper de la maintenance et pouvions marcher facilement jusqu'à la plage. Il nous était possible d'aller et venir librement, de dormir à notre convenance, et de nous absenter plusieurs jours, à condition d'en informer l'administration du camp.

Pendant mon séjour à la Ciotat, je fis plusieurs excursions sur la Côte d'Azur, en visitant Marseille, Toulon, Saint-Tropez, Saint-Raphaël, Cannes, Nice, et même la Principauté de Monaco ! Je redécouvrais la civilisation européenne, et le plaisir de marcher sans le poids d'une mitrailleuse sur l'épaule !

Un jour, j'eus l'occasion de rencontrer une charmante jeune fille allemande, qui avait le goût de l'aventure et de la découverte. De nombreuses années plus tard, je la retrouvais brièvement à New York, alors qu'elle continuait à voyager seule à travers le monde. Elle était d'agréable compagnie. Visiblement, elle aimait voyager et elle en avait les moyens.

À la fin septembre, le mistral se mit à souffler fort, ce qui rendit la plage inconfortable, et je commençais à étudier quelle serait ma prochaine étape. J'aimais la vie en France et je me rendis au Fort Saint-Nicolas, à Marseille, le quartier général de la Légion. J'obtins de rencontrer le capitaine en poste, pour lui demander s'il avait une occupation disponible pour moi. Après avoir pris connaissance de mes états de service, il fut assez aimable pour m'introduire auprès du colonel en charge du BSLE. Debout devant son bureau, je lui indiquais mon parcours, en lui précisant que je parlais couramment quatre langues : français, allemand, anglais, et hongrois. Il me dit que je pouvais rejoindre les services du BSLE où je serais formé à l'interrogatoire des candidats à l'enrôlement dans la Légion. C'était, pour moi, une bonne nouvelle.

- * -

Service à Marseille (1952-1953)

Je quittais mon « hôtel de luxe » de La Ciotat pour le Fort Saint-Nicolas. On m'affecta une chambre à coucher adjacente à un bureau où j'assurais mon nouveau service. Je prenais mes repas au mess des sous-officiers qui offrait des plats variés. Tout allait pour le mieux.

Vue du Fort Saint-Nicolas.

Le Fort Saint-Nicolas, construit au 17ème siècle, sur ordre de Louis XIV, était situé à l'entrée du vieux port de Marseille, face au Fort Saint-Jean, édifié sur la rive opposée. Le Fort Saint-Nicolas offrait une vue splendide sur le port et sur la ville. Il se trouvait à faible distance de la Canebière, la rue principale de Marseille.

Le BSLE (Bureau des Statistiques de la Légion Étrangère) était le service de sécurité de la Légion, qui agissait en toute indépendance, mais en collaboration avec le Deuxième Bureau, le service secret de la France. Le BSLE était notamment chargé d'étudier le profil des candidats à la Légion.

Le vieux port de Marseille.

Si, au 19ème siècle, la règle était d'accepter n'importe quel candidat, quelque soient ses antécédents, pourvu qu'il soit capable de suivre à la lettre la devise de la Légion : « Marche ou crève ! », ce n'était naturellement plus le cas, après la Deuxième Guerre Mondiale. Le nombre des candidatures avait explosé, et environ la moitié d'entre elles était refusée. Les postulants écartés étaient reconduits à la frontière française.

Les candidats subissaient un examen médical strict et approfondi. Ce premier examen était suivi d'un second, à Sidi-Bel-Abbes, afin de s'assurer que les personnes acceptées étaient en parfaite santé et aptes à supporter le stress engendré par la guerre et le climat tropical.

Le rôle du BSLE était d'éliminer les éléments indésirables, dès leur premier interrogatoire, à Marseille. Parmi ceux qui étaient soupçonnés d'espionnage, bien peu étaient envoyés en Algérie pour interrogatoire complémentaire. Par tradition, la Légion n'acceptait que des hommes, les femmes étant jugées inaptes, physiquement et mentalement, à s'adapter aux conditions pénibles engendrées par les guerres.

La plupart des colonies françaises étant situées en Afrique, et le principe fondamental d'intégration dans la Légion étant que les troupes devaient être d'origine européenne, on n'y trouvait aucun Arabe ni aucun autre Africain.

Cette règle s'appliquait aussi aux Indochinois, mais il y avait quelques exceptions. On trouvait à la Légion, quelques Vietnamiens qui étaient considérés comme « enfants de troupe ». Ils avaient rejoint les rangs de la Légion alors qu'ils étaient enfants et y avaient séjourné leur vie entière.

Les interrogatoires du BSLE menaient à ne retenir que des hommes ayant à cœur de participer aux combats, à même d'accepter la discipline, et suffisamment éduqués pour comprendre les ordres.Nous faisions de notre mieux pour écarter les candidats ayant des antécédents criminels notoires ou un endoctrinement communiste. Les homosexuels ne correspondant absolument pas aux traditions de la Légion, étaient également mis à l'écart.

Si quelqu'un avait, dans son pays d'origine, commis quelques délits mineurs ou subi des difficultés de nature politique, le BSLE avait pour habitude de fermer les yeux. Les candidats pouvaient même s'enrôler en changeant de nom. Les citoyens français (à l'exception des officiers) n'étaient pas admis à la Légion, à moins de se faire passer pour Belges ou pour Suisses. En aucune circonstance, la Légion ne dévoilait l'identité des engagés, et aucune autorité n'était habilitée à exiger d'elle, des informations sur eux. Il s'agissait d'une règle fondamentale de la Légion, depuis 1831. Il était clair, cependant, que cette politique ne s'appliquait pas aux candidats, avant la signature de leur engagement.

Nouvelles recrues à Marseille.

L'un des objectifs principaux du BSLE était la prévention de la pénétration communiste de la Légion. Il suffisait de regarder l'Histoire pour mieux comprendre la situation. Karl Marx avait hérité ses théories de l'Illuminati, fondée par Adam Weishaupt, en 1776, et les avait répandues dans le monde entier. Lénine y faisait suite en détrônant le Tsar, en 1917, donnant naissance à l'Empire Soviétique. La fin de la Première Guerre Mondiale et le Traité de Versailles, facilitèrent l'expansion d'un communisme renforcé dans les autres pays. Peu après la fin de la Seconde Guerre Mondiale, la Guerre Froide favorisa l'établissement des régimes communistes en Europe et au Sud Est Asiatique. La guerre civile en Chine, conduisit à la création de la République Populaire de Chine, en 1949, et le communisme, avec le soutien de cette dernière, se répandit en Indochine française et en Corée.

Les services secrets des pays communistes envoyaient des espions à travers le monde, et la Légion Étrangère Française était l'un de leurs objectifs, car elle combattait l'expansion du communisme en Indochine. Comme je le décrirai plus loin, l' objectif des agents infiltrant la Légion, était de détruire le moral des troupes ; d'encourager les désertions, avec armes, et pour certains, d'établir un contact personnel avec les agents du Viet Minh et de fournir des renseignements sur les mouvements de troupes. Il était promis aux déserteurs de les transporter jusqu'au pays communiste de leur choix, où ils obtiendraient un grade plus élevé dans l'armée de ce pays, ou simplement un bon travail et de l'argent.

Les agents-espions chargés d'infiltrer la Légion, étaient le plus souvent originaires d'Allemagne de l'Est, de Pologne, de Tchécoslovaquie, de Hongrie, de Roumanie, de Bulgarie, et de Serbie.

En France, le parti communiste était à l'époque, très représentatif, et menait une campagne anti coloniale. Mais cela n'affectait pas directement la Légion dont la majorité des membres n'était pas d'origine française. La rumeur circulait également sur des sabotages dans les usines d'armement et sur des armes de contrebande livrées au Viet Minh. On murmurait aussi que des trains transportant des armes avaient déraillé en France, et que des grenades étaient sciemment trafiquées pour exploser immédiatement dans la main de celui qui la dévissait. Cette tragédie se produisit avec quelques légionnaires.

Le BSLE de Marseille, avait cinq interrogateurs, tous ayant rang de sous-officiers, sous l'autorité d'un capitaine. Les dossiers et les informations sur les recrues, et les informations obtenues des services secrets de pays étrangers, étaient entreposés dans un bureau séparé. Les interrogateurs avaient tous un bureau séparé, des dossiers propres, et une ligne blanche tracée devant leur meuble de bureau. Ils parlaient différentes langues et les candidats étaient dirigés vers ceux pratiquant la leur. En général, chaque interrogateur recevait une dizaine de candidats par jour.

Les interrogatoires de routine commençaient avec cinq postulants sélectionnés d'après leur langue. Ils attendaient, le matin et l'après-midi, dans une salle d'attente. Avant d'appeler un postulant dans mon bureau, j'étudiais tous les documents d'identification qu' il avait remplis, en demandant son intégration à la Légion. A ce moment, tous les papiers du postulant faisaient l'objet d'une seconde inspection et je consultais le dossier des informations verbales qu'il avait fournies, ainsi que ses empreintes digitales. Ces informations me donneraient une idée générale du personnage.

Le postulant était alors appelé et se tenait derrière la ligne blanche. Pas de conversations. Il devait juste répondre à mes questions. Je l'interrogeais, point par point, sur sa vie, de sa naissance à aujourd'hui, et comparais ses réponses aux informations que j'avais sur mon bureau.

Ce que la plupart des gens ne réalisent pas, c'est que notre vie est souvent similaire. Oui, l'un peut avoir accompli quelque chose d'extraordinaire, mais cela ne signifie pas que sa vie le soit en totalité. Et nous ne savons pas que, contrairement à ce que nous pensions, le modèle de vie des autres peut être similaire. Bien sûr, l'exception pouvait confirmer la règle.

Comment étais-je arrivé à cette conclusion ? Tout simplement en interrogeant quelque mille candidats de différentes nationalités, et en constatant que mes camarades interrogateurs arrivaient aux mêmes conclusions. Bien sûr, en disant que nos vie ont souvent un parcours similaire, je dois souligner que nous devons prendre en considération les différentes cultures et civilisations. Les similitudes sont donc relatives.

Pour interroger quelqu'un avec succès, vous devez être familier avec sa langue, sa culture, et son niveau d'éducation, les mots pouvant avoir, selon le cas, un sens différent. Un interprète est d'une efficacité limitée. Ce qui me vient à l'esprit, c'est un tableau du Musée Topkapi, représentant plusieurs personnes discutant ensemble et entourées d'un autre groupe essayant simplement de comprendre le sens réel de ce qu'il écoute.

Un autre facteur dans nos interrogatoires, était d'être familier avec les conditions économiques et le niveau de vie dans le pays des candidats, de même qu'avec les lois en vigueur. Afin de savoir quoi faire ou ne pas faire, en fonction des circonstances. Il fallait aussi être au fait de l'histoire contemporaine du pays et de ses tendances politiques . Heureusement, notre service administratif et nos camarades interrogateurs pouvaient nous aider si nécessaire.

Pour la partie de l'interrogatoire portant sur la période allant de la naissance au temps présent, je posais seulement des questions de routine et je les comparais avec le curriculum vitae en ma possession, de même qu'avec les centaines d'interrogatoires de candidats ayant le même profil. Si je notais quelque chose de différent, je posais quelques questions marginales et demandais au postulant de continuer à me parler de luimême. Un second interrogatoire pouvait alors être programmé, afin de cibler les passages louches. S'il ne donnait pas de résultats satisfaisants, le postulant était interrogé par un autre interrogateur et les résultats étaient comparés.

Notre service administratif obtenait de précieux renseignements de la part des services secrets étrangers et savait comment former ses propres agents. Pendant ma titularisation, nous eûmes un cas intéressant. Un agent hongrois souhaitait quitter son organisation pour rejoindre la Légion. Il nous donna d'amples renseignements sur sa formation.. Le plus intéressant était que pendant celle-ci, il menait une sorte de double-vie au cas où il serait congédié. En même temps qu'il suivait sa formation pour son travail d'agent secret, il pouvait suivre des cours, à mi-temps, dans une université ou travailler dans une entreprise.Il avait donc une claire et fiable connaissance de sa double activité. En conséquence, quelque soit la part de sa vie en question, il avait une réponse prête, dans son esprit, et pouvait, si nécessaire, passer avec succès le test du détecteur de mensonge.

Comme je le mentionnais plus avant, si nous découvrions un passé criminel, chez un candidat, celui-ci , comme les autres personnes exclues pour différentes raisons, étaient reconduites, sous bonne garde, à la frontière. Si nous suspections quelqu'un de tentative d'espionnage, il était conduit en prison, à l'intérieur du Fort Saint-Nicolas, puis transféré par bateau à Sidi-Bel-Abbes, pour des interrogatoires complémentaires. En tant qu'interrogateurs, nous n'étions pas informés de ce qu'il advenait de ces suspects.

Nous savions que la Légion, en Algérie, avait une « compagnie disciplinaire », à Colomb-Béchar, en bordure du Sahara. Ce service avait une terrible réputation. Les prisonniers devaient se tenir dans des cellules dépourvues de plafond, et pendant la journée, ils devaient déplacer d'énormes rochers, sous le soleil de plomb du désert. Certaines rumeurs laissaient entendre aussi que ces prisonniers étaient soumis à des attaques canines, en vue de leur extorquer des aveux.

Un jour, alors que l'actualité tournait autour d'un double meurtre qui venait d'être commis dans un lieu de villégiature, en France, deux Allemands se présentèrent au Fort Saint-Nicolas, avec l'intention de s'enrôler dans la Légion. Personnellement, je n'étais pas informé du dramatique fait-divers qui avait eu lieu quelques jours auparavant, quand ces deux hommes furent dirigés vers moi, pour interrogatoire. Ce qui me fit, tout d'abord, hausser les sourcils, fut qu'ils étaient venus jusqu'à Marseille, pour signer leur demande d'engagement, ce qui était assez rare. En fouillant le contenu de leurs poches et en prenant connaissance de ce qu'ils avaient fait depuis leur arrivée à Marseille, il apparut qu'ils étaient dans la région où le double-crime avait été commis. Mais cela n'était pas suffisant pour les y associer.

Pendant le questionnaire de routine, l'un de ces hommes me dit qu'il avait suivi des cours à l'école d'Adolf Hitler de Sondhofen. Comme j'avais, eu moi-même, l'occasion de visiter Sondhofen, je lui demandais de me décrire l'aspect des immeubles. Je constatais qu'il n'en avait pas la moindre idée et qu'il inventait une description imaginaire. Alors qu'il était debout, face à moi, derrière la ligne blanche, je lui dis qu'il était un menteur et que s'il continuait à mentir, il devrait en supporter les conséquences. Comprenant que je pensais ce que je disais, son ami et lui avouèrent qu'ils étaient les auteurs du meurtre. Je n'avais d'autre choix que de les mettre sous clé.

Je consultais mes supérieurs sur la marche à suivre et nous arrivâmes à la conclusion qu'ils devaient être remis entre les mains de la police civile. La candidature de ces deux hommes avait, naturellement, été refusée. Comme la police n'avait pas vocation à pénétrer à l'intérieur du Fort Saint-Nicolas, nous informâmes les deux criminels qu'ils devaient quitter le Fort, par le même chemin qu'ils avaient emprunté pour y entrer. Dès qu'ils eurent franchi la porte d'entrée, pour arriver dans la rue, ils furent immédiatement arrêtés par des inspecteurs de police.

Si ces criminels, avaient réussi à passer sans problème leur interrogatoire, ils auraient été acceptés, auraient changé de nom, et signé leur contrat d'engagement, échappant à la justice civile. Même si les autorités civiles les avaient suspectés, par la suite, elles n'auraient pu obtenir aucune information les concernant. Il aurait appartenu à la Légion de régler ce problème en interne.

A Marseille, j'étais en excellent termes avec mes camarades et avec mes supérieurs. Chaque soir, je me promenais dans les rues colorées, visitais des bars, et quelquefois, dînais dans des restaurants servant des spécialités marseillaises, comme la fameuse bouillabaisse. Je me rappelle aussi une petite pizzeria sicilienne, de type familial, où j'ai mangé les meilleures pizzas de ma vie ! D'une façon générale, les Français respectaient la Légion Étrangère, comme unité combattante, mais les contacts personnels étaient un peu froids. Malgré tout, j'eus la chance de rencontrer quelques jeunes filles avec qui je passais du bon temps, sur les plages environnantes et dans des clubs de danse, en sirotant parfois un pastis, cette boisson alcoolisée à base d'anis, si populaire à Marseille et dans le midi de la France.
A mon grand plaisir, la mère et la sœur de mon ami Dieter, tombé au champs d'honneur, vinrent me visiter en avril 1953. Elles séjournèrent à Marseille pendant quelques jours. Je leur racontais en détail et au

mieux, ce qu'il s'était passé et nous regardâmes les quelques photos que j'avais de lui. Bien sûr, nos conversations tournaient surtout autour des circonstances de sa mort, la prémonition qu'il en eut, la veille de sa disparition, et comment la destinée l'avait amené à succomber sous des balles ennemies. Ce tragique événement me revint à l'esprit, quelques années plus tard, alors que je discutais avec un prêtre de mes amis, sur le « libre arbitre » et sur « la destinée ». Il me dit : « Imaginez que vous êtes debout, au milieu d'une longue voie ferrée, toute droite. L'un des rails représente votre « libre arbitre », et celui de l'autre côté représente « la destinée ». Maintenant, regardez la voie ferrée aussi loin que vous pouvez, et vous constaterez que les deux rails se sont rejoints. C'est ce qui est arrivé à Dieter.

Le temps court et la date d'expiration de mon contrat de cinq ans, à la Légion, approchait. Ma libération était prévue pour novembre. J'avais une bonne position à la Légion et je n'avais pas un grand désir de retourner à la vie civile. Au contraire, je conservais dans mon cœur l'attrait de l'aventure, et je pensais que signer un engagement d'un an supplémentaire, pour le Corps de la Légion, au Sahara, pourrait être excitant. Je me voyais chevauchant un chameau, d'une oasis à l'autre, et séjournant dans des fortins édifiés pour la Légion, un siècle auparavant ! Juste revivre la vie de la Légion des années 1830. Quand je me renseignais, j'appris que la durée minimum pour le Sahara, était de deux ans. Je n'étais pas prêt pour ça.

Ma chère mère m'écrivait chaque semaine en me vantant la beauté de la vie aux États-Unis et les grandes opportunités que l'on y trouvait pour les jeunes gens. Elle tenait absolument à me voir la rejoindre à New York. Cela me semblait intéressant mais, d'un autre côté, j'avais formé le projet d'aller travailler à Madagascar, comme superviseur d'une plantation de tabac.

Enfin et surtout, j'aimais la France. Je décidais donc d'attendre et de réfléchir.

Le BSLE étant étroitement lié au Deuxième Bureau, je demandais à mon capitaine s'il pouvait me recommander auprès de cet organisme. Il accepta mais me laissa entendre diplomatiquement qu'une autre carrière pouvait m'être plus profitable. Je savais qu'il était honnête et je décidais de suivre son conseil. En novembre 1953, je reçus un Certificat de Démobilisation, une autorisation de résidence permanente en France, le paiement d'un bonus, et une poignée de main. Je participais à une chaleureuse célébration avec mes camarades et, le lendemain matin, je pris le train pour Paris.

Les emblèmes des régiments.

LÉGION ÉTRANGÈRE

LEGIO PATRIA NOSTRA

« Jamais Garde de Roi, d'Empereur, d'Autocrate
De Pape ou de Sultân, jamais nul Régiment
Chamarré d'or, drapé d'azur ou d'écarlate
N'alla d'un air plus mâle et plus superbement »

Certificat de bonne conduite

Le Lt Colonel LEMEUNIER

Commandant le DÉPOT COMMUN de la LÉGION ÉTRANGÈRE

certifie que le Caporal-Chef KAPONYA Mihaly

né le 24 Août 1930 à Budapest

département d Hongrie a eu une bonne conduite pendant tout le temps qu'il est resté sous les Drapeaux et qu'il a constamment servi avec « **HONNEUR et FIDELITÉ** ».

Le 16 Septembre 1953

VALEUR DISCIPLINE

III

Observations sur l'Indochine durant mon séjour à Paris (1953-1955)

Dans le train de Marseille à Paris, je fis la connaissance d'un jeune Algérien sympathique. Nous avions chacun une valise et quand il ouvrit la sienne, je constatais qu'elle était pleine de dattes ! Il m'en offrit quelques-unes, délicieuses. Il s'était préparé pour aller à Paris, comme il l'aurait fait pour le Sahara !

A mon arrivée à la Gare de Lyon, mon ami Ivan m'attendait et nous prîmes un taxi pour nous rendre à son appartement, rue Toullier. D'un commun accord, nous avions décidé que je logerais chez lui. Son logement n'était pas grand mais suffisant pour nous deux. Paris est la capitale et le cœur de la France. La vie culturelle et commerciale du pays et la quintessence de l'Europe y sont concentrées. Des trésors artistiques se retrouvent dans les nombreuses églises, dans les immeubles des 18ème et 19ème siècles, parfois plus anciens. Le charme de ses deux cents jardins publiques ou squares, de ses larges et imposantes avenues, de même que la vivacité proverbiale de ses habitants, font de Paris l'une des plus intéressantes et des plus plaisantes villes du monde. Parmi les lieux les plus fascinants, on trouve : *la Place de la Concorde, les Tuileries, le Louvre, les Invalides, la Tour Eiffel, l'Arc de Triomphe, les Champs Élysées, l'Opéra, la rue de la Paix, et, sur la Rive Gauche, la Sorbonne, le Quartier Latin, et Saint-Germain-des-Près.*

La rue Toullier n'était pas située dans un quartier particulièrement chic, mais elle permettait d'accéder rapidement à tous les coins de la ville. On y trouvait quantité de bars, et de restaurants. Nous y avions même déniché un petit restaurant hongrois tenu par une dame hongroise, d'âge respectable, du nom de Vilma. Elle était venue en France avec une dizaine de garçons pour qui elle faisait la cuisine. Nous y prenions la plupart de nos repas. Ivan avait trouvé une petite amie, ce qui était bien. Mais chacun de nous devait trouver un travail.

J'avais parlé à Ivan de mon projet pour Madagascar, mais lui et moi commencions à être fatigués du climat tropical et aspirions à nous tenir, dorénavant, éloignés des palmiers. Nous allâmes visiter le Bureau de la Légion, à Paris, mais tout ce qu'il avait à nous offrir était un travail dans une usine d'automobiles. Nous constations qu'en France, quand on avait une bonne occupation, c'était généralement pour la vie.

Alors, tout en poursuivant nos recherches, nous prenions un verre à la terrasse des cafés, d'où nous regardions passer les jolies filles. Au cas où, j'avais même pris un visa pour les États-Unis. L'honorable gentleman qui me reçut au Consulat, me dit : « *Je suis sûr que vous réussirez* ». La suite devait lui donner raison.

Bien qu'étant de retour à la vie civile, j'avais toujours une pensée pour mes camarades en Indochine. Alors, je me tenais informé de l'évolution de la situation. La guerre continuait et le Viet Minh devenait de mieux en mieux armé et entraîné, avec même de l'artillerie lourde et des armes anti-char. Celles-ci étaient fabriquées en Chine d'où les troupes étaient directement acheminées vers les régions montagneuses du Tonkin, en dehors du Delta. Au Laos, en Annam, au Cambodge, et en particulier en Cochinchine, la guérilla était prédominante.

L'un des problèmes du Viet Minh était le mauvais état des routes, pour son approvisionnement. Mais il y remédiait en utilisant des milliers de coolies pour le transport des matériels, avec même des canons en pièces détachées ! Ils n'utilisaient d'ailleurs pas seulement les routes (la plupart n'étant praticables que la nuit) mais surtout des sentiers envahis par la végétation, ce qui les rendaient invisibles par des vues aériennes.

- * -

Bataille de Dien Bien Phu et Accords de Genève (1953-1954)

Dès octobre 1953, le Viet Minh tenta de pénétrer dans le Delta, mais dût y renoncer car les routes y étaient bien fortifiées et surveillées. De plus, la majorité de la population était chrétienne et ne lui était pas favorable. Il décida alors de porter son action vers le Laos.

Cette nouvelle stratégie conduisit la France à signer un accord avec le Laos, le 28 octobre, stipulant qu'elle défendrait ce pays par l'envoi de douze bataillons, quelques chars d'assaut, et de l'artillerie, à Dien Bien Phu, à la frontière entre le Tonkin et le Laos. Il s'agissait d'un point stratégique pour le Viet Minh et qui n'était pas accessible par route. Les troupes françaises s'y trouvaient donc complètement isolées.

Il aurait été préférable de positionner l'armée française à l'intérieur et autour de Luang Prabang, au Laos, qui avait des routes d'accès vers l'Annam et vers un aéroport. La seule voie montagneuse praticable via Dien Bien Phu aurait pu ainsi être bloquée.

Naturellement, le Viet Minh avait des milliers de coolies et quelques chevaux pour transporter les matériels à travers les sentiers dissimulés dans la jungle, mais les hautes montagnes séparant Dien Bien Phu de Luang Prabang auraient retardé considérablement leurs mouvements. Le Viet Minh se serait ainsi trouvé dans la quasi impossibilité d'engager une attaque d'envergure.

Quand j'entendis parler de cette situation, je pensais immédiatement à l'expérience de Hoa Binh, et je ne pouvais pas comprendre que l'on puisse ainsi commettre la même erreur stratégique ! Comme je devais l'apprendre plus tard, plusieurs de nos généraux, et même le haut commandement à Paris, étaient hostiles à cette stratégie, mais il était trop tard. Cette situation me touchait personnellement d'autant plus que le Troisième Bataillon de la 13ème DBLE, où j'avais servi pendant mes trois années en Indochine, se trouvait aussi, avec tous mes camarades, à Dien Bien Phu !

Bientôt, le Viet Minh aligna, de manière inattendue, six divisions, plus une artillerie lourde et des armes anti-aériennes. La bataille dura de décembre 1953 jusqu'au 8 mai 1954. Chez les Français, on dénombra 1 500 tués, 4 000 blessés, 1 000 portés disparus ou échappés vers le Laos, et 11 000 prisonniers. Sur ces 11 000, seulement 3 000 survécurent. La bataille était perdue, mais pas nécessairement la guerre.

Pendant la durée de cette effroyable bataille, nous apprîmes que l'on recrutait des volontaires pour être parachutés sur Dien Bien Phu. Ivan et moi nous rendîmes au centre de recrutement de la Légion pour savoir s'il nous était possible de signer pour un contrat de 6 mois, complémentaire à nos cinq années de service, mais nous apprîmes que tous les bataillons présents en Indochine étaient composés de volontaires, à durée normale de cinq ans. Il n'y avait donc pas la possibilité, pour nous, de souscrire un engagement de durée aussi limitée.

A la demande du Viet Minh, de la Chine, et de l'URSS, il était prévu qu'une victoire décisive obtenue pendant la tenue de la Conférence de Genève, entraînerait le retrait des Forces Françaises, de tout ou partie du territoire indochinois.

Le Viet Minh et ses alliés savaient qu'en France, un gouvernement de gauche, fortement influencé par un puissant Parti Communiste, était favorable à ce retrait. Dans cet esprit, la Chine communiste et l'URSS apportaient une aide matérielle et financière massive au Viet Minh. Grâce à ce soutien sans failles, Ho Chi Minh pouvait aligner des dizaines de milliers de combattants bien entraînés, dans le Nord-Ouest du Tonkin.

Les puissances occidentales, de leur côté, estimaient qu'une victoire majeure contre le Viet Minh , pendant la Conférence de Genève, jouerait en leur faveur, sans que cette expression définisse clairement qu'elles en seraient les conséquences pour les politiciens et les militaires.

En France, le Premier Ministre, Joseph Laniel, qui avait démissionné en mai 1953, était déjà favorable à « un retrait honorable » d'Indochine. Il fut remplacé par Pierre Mendès France, un membre du Parti Radical Socialiste, qui était opposé au colonialisme et également partisan du retrait français. La Presse Française, dans son ensemble, évoquait la guerre d'Indochine, comme une « sale guerre ». Les États Unis considéraient différemment la situation car il était évident qu'après la défaite du Japon, lors de la 2ème Guerre Mondiale, le communisme risquait de se développer dans toute l'Asie du Sud Est.

Six mois avant la bataille de Dien Bien Phu, le Général Henri Navarre fut nommé commandant en chef en Indochine. Il avait participé aux deux guerres mondiales, mais n'était pas familiarisé avec l'Indochine et avec la guérilla en général. Il ne suffisait pas de regarder une carte et de définir des stratégies. Il fallait bien connaître le pays, les hommes placés sous votre autorité, avec les différentes ethnies les composant, l'influence du climat sur le cours de la guerre, les capacités de l'ennemi, entre autres.

La stratégie du Général Navarre était basée sur la nécessité de contrer la tactique habituelle du Viet Minh, du raid éclair, et d'appliquer la tactique française dite « du hérisson ». (Attirer l'ennemi et le battre.) Mais, ce faisant, il oubliait ce qui s'était passé à Hoa Binh. Il pensait qu'en envoyant douze bataillons à Dien Bien Phu, il pouvait provoquer l'attaque du Viet Minh et ainsi le détruire. Son entourage était hostile à cette vision, d'abord par ce qu'il n'y avait pas de routes, et que les Forces Françaises se trouveraient rapidement encerclées par un ennemi positionné dans les montagnes environnantes.

Le Général Navarre aurait dû méditer les propos de Carl Clausewitz : *« Le risque d'avoir à combattre sur deux côtés à la fois, et le fait, encore plus dangereux, de ne pas avoir de ligne de retraite, paralyse les mouvements et la capacité de résistance : en cas de défaite, cela augmente les pertes et provoque souvent une destruction totale. Alors, l'arrière étant mis en danger, rend la défaite plus probable et plus décisive* ».

Son attention fut également attirée sur le fait que le matériel nécessaire, comme les barbelés, ne seraient pas disponible, et que les tranchées seraient très vite affectées par l'arrivée prochaine de la mousson. Mais Navarre ne tint pas compte de ces conseils. Le 20 novembre 1953, Paris envoya un amiral à Hanoï, porteur d'un message hostile au plan élaboré pour Dien Bien Phu, mais il était déjà trop tard. Trois mille hommes y avaient déjà été parachutés.

Dans ses mémoires, le Général Navarre tient les politiciens responsables de la défaite. Pour moi, cette accusation masque un aveu de faiblesse. L'un de ses officiers en charge de l'artillerie se suicida car il se sentait responsable de cette tragédie. Il fut enterré en secret.

Alors que la bataille de Dien Bien Phu faisait rage, une convention se tint à Genève, en Suisse, du 26 avril au 20 juillet 1954, et les Accords de Genève en découlèrent. Assistaient à cette conférence : la France, l'Union Soviétique, le République de Chine, les États-Unis, et le Royaume Uni. Les sujets principaux en étaient la Corée et l'Indochine. Des représentants des autres pays concernés y assistaient également, à titre d'observateurs.

Concernant l'Indochine, les participants à la Conférence de Genève faisaient face à un dilemme. Au premier coup d ' œil, et selon mon expérience personnelle, la population du Tonkin était du côté de la France et de ses alliés, à l'exception du Viet Minh, désormais désigné sous le vocable de Viet Cong, retranché dans les montagnes. D'un autre côté, la partie se trouvant au sud du 17ème parallèle, connue jusqu'alors sous le nom de Cochinchine, était infiltrée entièrement par le Viet Cong, à la seule exception des grandes villes, relativement sûres, et placées sous le régime de Bao Dai.

Les Accords de Genève prévoyaient essentiellement un cessez-le-feu en Indochine et la séparation, au 17ème parallèle, de la partie nord, placée sous la férule communiste conduite par Ho Chi Minh, et de la partie sud placée sous l'autorité de l'Empereur Bao Dai et de son Premier Ministre, Ngo Dinh Diem. Cette mesure temporaire de séparation devait durer jusqu'en 1956, date à laquelle seraient organisées des élections générales ayant pour but de parvenir à un accord définitif.

Les Accords prévoyaient aussi la possibilité, pour ceux qui le souhaitaient, d'émigrer du Nord au Sud, ou inversement. Cette faculté, difficile à mettre en œuvre, laissait planer un doute sur la tenue réelle des élections.

Comme je l'ai fait préalablement remarqué, au Tonkin, dans le Delta de la Rivière Rouge, ce qui incluait les villes principales de Hanoï et de Haiphong, de même que les régions agricoles les plus productives, les routes n'étaient ni minées, ni détruites, il n'y avait ni guérilla, ni terrorisme, et les villageois organisaient leur propre autodéfense, pour résister aux incursions des agitateurs et des propagandistes du Viet Cong. Il y avait plus d'un million de Chrétiens (Ce que j'évalue à environ 10 pour cent de la population) qui étaient absolument anti-communistes. Ces régions étaient sûres, nuit et jour.

A contrario, en Cochinchine, vous ne pouviez-vous fier à personne. Toutes les routes étaient minées ou détruites pendant la nuit, de petites attaques du Viet Cong étaient menées constamment, et celui-ci se fondait avec la population. Cela créait des conditions idéales à la guérilla. Vous n'étiez en sécurité nulle part, même pas à Saïgon.

Cet état de fait était connu par certains participants à la Conférence de Genève, mais ils n'ignoraient pas non plus le problème principal. Le Tonkin se situait en bordure de la Chine communiste qui fournissait au Viet Cong, une assistance financière et militaire considérable. Cette constante plaçait les négociateurs devant un dilemme insoluble. D'autant plus que la France commençait à être fatiguée de cette « sale guerre » et que le Premier Ministre, Pierre Mendès France, était décidé à réaliser le retrait d'Indochine de l'ensemble des troupes françaises, en 1954, alors que le plan de paix ne le prévoyait qu'en 1955.

En réalité, ceux qui avaient l'expérience du terrain et de la situation, savaient bien que jamais le Viet Cong n'accepterait de rendre le terrain conquis, ni que l'Empereur Bao Daï et son Premier Ministre Ngo Dinh Diem, ne consentiraient à voir leur sort dépendre des résultats d' élections dont la tenue ressemblait, de plus en plus, à une trompeuse diversion.

La meilleure solution aurait été que les Forces Françaises maintiennent leurs positions jusqu'à 1956, et qu'elles soient ensuite progressivement remplacées par une présence militaire américaine. A long terme, Ho Chi Minh aurait dû renoncer à étendre son influence sur la Cochinchine, l'Annam, le Laos, et le Cambodge. La Chine n'aurait pas envahi le Tonkin, créant une situation analogue à celle de la Corée, et aurait jugé son commerce international, en particulier avec les États-Unis, plus important que son aide au Viet Cong. Les Français, et par la suite, les Américains, auraient supervisé les dirigeants vietnamiens et entraîné une armée vietnamienne efficace. La chute de l'URSS, en 1991, aurait achevé la fin de la guérilla du Viet Cong.

- * -

Transformation de l'Indochine (1954-1956)

Les derniers militaires français à quitter le Tonkin, depuis le port de Haiphong, furent les Légionnaires, vêtus de leur uniforme de parade et arborant le drapeau français. Ils avaient été les premiers à arriver, en 1883, et les derniers à partir, en novembre 1954.

Ils laissaient derrière eux, 314 officiers, 1 071 sous-officiers, et 8 997 légionnaires, tombés au champ d'honneur, en Indochine, entre 1946 et 1954, et beaucoup plus, entre 1883 et 1946.

Ils avaient servi sous le drapeau français, avec honneur et fidélité !

Un témoin oculaire qui était sur l'un des derniers navires français à quitter le port de Haiphong, me dit qu'il avait vu de nombreuses personnes nageant le long du navire, dans l'espoir d'être admis à bord. Ils demandaient à être sauvés de la vengeance du Viet Minh. Certains le furent mais des millions restèrent sur place.

Je suivais attentivement le développement de la situation car j'étais attaché à la tradition et ne pouvais oublier les soixante dix ans de services héroïques de la Légion en Indochine, ainsi que mes camarades tombés au champs d'honneur.

Le gouvernement d'Ho Chi Minh prit possession du territoire situé au dessous du 17ème parallèle. Le cessez-le-feu ayant été signé, la situation se calma pendant un temps. L'évacuation des gens vers le sud commença, et la flotte américaine fut d'un grand secours dans cette tâche gigantesque.

Pour des raisons liées à la politique et à la propagande, il était, à cette époque, difficile d'établir le nombre exact de réfugiés en provenance du Tonkin . Leur nombre varie entre 500 000 et 1 million. Je dirais près du million, en tenant compte que le Viet Cong, surpris par ce courant, avait encerclé plusieurs villages, en particulier ceux situés en dehors du Delta, qui voulaient se joindre à l'exode. La plupart des réfugiés étaient Chrétiens. En plus des évacuations par bateau et par avion, plusieurs réfugiés fuyaient à pieds, transportant leurs maigres effets. La population totale du nord était estimée à 11 millions d'habitants dont 10 % s'échappèrent, laissant tous leurs biens derrière eux. C'était une situation tragique et qui devait hélas empirer.

Concernant les chiffres de réfugiés en provenance de Cochinchine vers le Tonkin, les chiffres variaient également.

Nous savions que le général Giap avait demandé à nombre de ses partisans du sud de venir au nord, afin d'y être entraînés. Parmi eux, se trouvaient bien sûr des délinquants et leurs familles. Tous, considérés comme « réfugiés », étaient pris en charge au niveau du transport et de la nourriture, et pouvaient même recevoir une aide financière.Après leur entraînement, ils étaient censés revenir dans le sud et y coopérer avec le Viet Cong.

L'accueil, en Cochinchine, des réfugiés du nord, était désorganisé. Théoriquement, il y avait suffisamment de terres disponibles, pour eux, spécialement dans les contrées sauvages du Delta du Mekong, mais ils n'étaient pas toujours accueillis à bras ouverts. En effet, les habitants étaient souvent favorables au Viet Cong, et/ou de religion et de culture différentes. Les quelques communautés chrétiennes étaient, naturellement, les plus accueillantes .

Évidemment, après le cessez-le-feu de 1954, la situation s'était calmée ; mais on assista rapidement à une recrudescence graduelle des guérillas du Viet Cong. S'il est vrai que le Gouvernement du Sud Vietnam fit de son mieux pour aider les réfugiés, force est de constater qu'il commit aussi quelques erreurs. Il était en partie corrompu, n'entraînait pas convenablement son armée, et commis même la faute de brûler quelques temples bouddhistes. Pas très astucieux.

D'un point de vue politique, le Viet Nam du Sud était désorganisé. En deux ans, il changea six fois de gouvernement et connut plusieurs putschs militaires. Pendant ce temps, le Viet Cong étendait son influence et son contrôle, collectait des taxes auprès de la population et auprès des commerçants empruntant les routes. Il allait même jusqu'à taxer le carburant délivré dans les aéroports ! Il avait son propre service postal, avec des boîtes aux lettres, à Saïgon et ailleurs. Bien que l'aide américaine soit disponible, personne ne semblait y prêter attention.

- * -

Retour à Paris et départ pour New York (1955)

Mon ami Ivan et moi-même suivions les événements et, en même temps, cherchions un travail intéressant. Il eut la chance d'en trouver un mais qui se trouvait en banlieue, ce qui nous contraignit à déménager. Nous nous séparâmes mais devions rester amis pour la vie. De mon côté, j'eus la chance de trouver un petit appartement dans le fameux Quartier Latin.

Un jour que je déambulais le long du boulevard Saint-Michel, je m'arrêtais devant la terrasse de mon café préféré, dont toutes les tables étaient occupées. Je demandais au garçon s'il pouvait m'en trouver une disponible. Il se tourna vers une jeune femme qui était assise, seule, et lui demanda si elle accepterait de partager sa table avec moi. Elle accepta. Après avoir bavardé un moment, nous décidâmes de faire une promenade dans le Jardin du Luxembourg, tout proche. Par la suite, nous devînmes amis et eûmes l'occasion de passer plusieurs bons moments ensemble.

Dans ma recherche d' un emploi, j'allais à l'Office de Tourisme allemand où je rencontrais un collaborateur qui eut l'obligeance de m'introduire auprès du directeur du *Grand Hôtel*, qui m'embaucha au service de la réception. C'était un bel hôtel, proche de l'Opéra, qui partageait avec le *Café de la Paix*, une vue sur le *Boulevard des Capucines*, au cœur de Paris. Quelques mois plus tard, je reçus une offre nouvelle d'une agence de voyages hollandaise, et je décidais de l'accepter . Cette démarche m'introduisit dans l'industrie du voyage, où je restais actif pendant cinquante ans, jusqu'à ma retraite.

Je me plaisais en France où mes amis et mes collègues français avaient pris l'habitude de me considérer comme l'un des leurs, au point de m'appeler *Michel*, francisation de *Mihail*, mon prénom hongrois.

Pendant mon séjour à Paris, en 1954, j'eus la bonne fortune de rencontrer un jeune homme, à peu près de mon âge, nommé Jean Aurimond. Nous sympathisâmes, devînmes rapidement amis, et restâmes en étroit contact, jusqu'à ce jour. Après des études de droit et de journalisme, à Paris, où il est né, Jean poursuivit une brillante carrière au *Centre Français du Commerce Extérieur.* Cette activité le conduisit à visiter de nombreux pays, à travers le monde, dont le Japon où il résida 5 ans, en qualité de directeur du *Centre Français d'Expositions de Tokyo.* Au vu de son expérience acquise à travers le monde, dans les domaines gouvernementaux, commerciaux, et politiques, je lui demandais de bien vouloir ajouter à ce livre un chapitre intitulé : *Réaction du Peuple Français à l'égard des guerres d'Indochine et d'Algérie.*

Il fut assez aimable pour accepter et ce chapitre se retrouve donc dans les pages suivantes.

Plus de cinquante années passées dans l'industrie du voyage, m'apprirent beaucoup sur le sens de la vie et comblèrent mes rêves d'enfant de découvrir le monde. En tout, j'ai vécu dans six pays, et en ai visité environ quarante, dont certains, une trentaine de fois. Mes voyages m'ont enseigné, entre autres, qu'il est primordial de se familiariser avec la culture de ceux avec qui vous souhaitez développer des contacts. Tous les gouvernements et les diplomates dans le monde, devraient bien s'en inspirer.

Au début de 1955, je reçu une bonne nouvelle. Ma demande de visa pour les États-Unis, était acceptée. Je dis au revoir à mes amis et à mes collègues, bouclais ma valise, et embarquais à bord du navire hollandais SS *Ryndam*, au Havre. Après quelques jours d'une agréable traversée, la Statue de la Liberté était en vue, et je débarquais à New York, en avril 1955. Ce fut un bonheur de revoir ma mère après sept ans de séparation ! J'emménageais chez elle et nous eûmes de nombreuses histoires à nous raconter.

Dans les années 50, la vie était facile à New York. En quelques semaines je trouvais un poste dans une agence de voyages située à Times Square, en plein cœur de New York. Juste de l'autre côté de la rue, je pouvais me payer un hot-dog, avec un verre de bière, pour un quart de dollar ! Bon vieux temps !

En 1960, je devins citoyen des États-Unis. Mon service récent à la Légion Étrangère Française, et mon expérience acquise pendant trois ans en Indochine Française, m'amenaient à considérer avec un grand intérêt le développement de la situation dans cette partie du monde et la guerre du Viet Nam, dans laquelle mon nouveau pays se trouvait de plus en plus engagé.

- * -

IV

Observations sur l'Indochine, l'Algérie, et autres Événements dans le Monde, pendant mon séjour aux États-Unis

(1955-1998)

Vue d'ensemble sur l'implication américaine dans la Guerre d'Indochine

La reddition du Japon, le 15 août 1945, marquait une grande victoire pour les États-Unis.
En même temps, le chaos s'installait en Asie.

Le 2 septembre 1945, Ho Chi Minh qui, quelques mois auparavant, avait reçu des armes du Kuomintang (rival des communistes), et de l' US OSS, déclarait l'indépendance de la République Démocratique du Viet Nam, et des drapeaux communistes fleurissaient sur Hue, Hanoï, et Saïgon.

En 1946, la guerre civile éclatait de nouveau en Chine. Le 1er octobre 1949, le Président Mao Tse Tung, annonçait la création de la République Populaire de Chine ; et en décembre, Tchang Kai Chek, se réfugiait à Taïwan, où il donnait naissance à la République de Chine.

La guerre de Corée, avec la participation des États-Unis, éclatait le 1er novembre 1950. Craignant une escalade de la guerre et l'expansion du communisme, les États-Unis envoyèrent des observateurs en Indochine mais, apparemment, ne reçurent pas d'indications précises de la part des Autorités Françaises. Le 27 juillet 1953, un cessez-le-feu était signé en Corée, et une ligne de démarcation était tracée sur le 38ème parallèle.

En Indochine, la guerre s'était aggravée, en raison de l'assistance de la Chine et de l'Union Soviétique au Viet Cong. En 1954, les Forces Françaises subissaient une cuisante défaite à Dien Bien Phu, mais leurs capacités, dans les autres régions, restaient intactes. Le retrait français subséquent, ne fut pas dû à des raisons militaires, mais bien à des impératifs politiques.

La Conférence de Genève, avec participation américaine, se tint du 26 avril au 20 juillet 1954. Concernant le Viet Nam, les accords adoptés, selon la proposition américaine, aboutissaient à un cessez-le-feu immédiat, au partage du pays à partir du 17ème parallèle, et à la préparation d'élections générales, en 1956. Certains participants signèrent, d'autres pas. Personne ne semblait croire à la faisabilité de ces élections mais, au moins, l'accord conclu débouchait sur un cessez-le-feu temporaire.

Les accords de Genève changeaient la donne en faveur de Ho Chi Minh. Avec le retrait français, le pays était divisé, et le nord était offert, sur un plateau d'argent, aux communistes. Le sud, l'ancienne Cochinchine, était en pleine confusion ; et le nord, quoique en dise certains, envoyait plusieurs soldats au sud, formant un Viet Cong puissant et aidant les unités locales en armes. Ils allaient jusqu'à collecter des taxes sur les routes et avaient leur propre service postal ! Apparemment, la population, et même le gouvernement, n'avaient d'autre choix que d'attendre et voir venir.

Presque un demi siècle après l'action militaire américaine en Indochine, les opinions sont toujours divisées sur cet engagement. La théorie prédominante est celle de l'effet domino , selon laquelle quand un domino tombe, il entraîne la chute des autres. A l'époque, cette théorie prenait toute sa valeur. La Chine était tombée aux mains des communistes, de même que la Corée du Nord, et le Nord Vietnam. Et l'Armée Populaire Vietnamienne combattait pour entraîner le Sud Vietnam, le Laos, et le Cambodge, dans le giron communiste.

Par ailleurs, les organisations communistes des pays voisins étaient prêtes à passer à l'action :

° Le Parti Communiste Philippin (Fondé en 1930 et ayant créé un réseau occulte, en 1968)

° L'Armée de Libération Nationale de la Malaisie (de 1948 à 1989)

° Les communistes de Thaïlande (de 1942 à 1991)

° Les communistes d'Australie (de 1920 à 1991)

° Le Parti Communiste Japonais (Légalisé en 1945)

Rétrospectivement, l'engagement militaire américain au Vietnam aurait pu être évité, mais au préjudice certain du Sud Est Asiatique. La non-intervention aurait favorisé des révolutions dans les pays ci-dessus désignés, et aurait engendré des sacrifices encore plus élevés qu'au seul Vietnam.

Personnellement, je doutais fortement que les communistes aient pu être éliminés après le retrait des Forces Françaises, en 1954. Ayant combattu en Indochine, pendant trois ans, j'étais mieux à même de faire la différence entre la réalité de la guerre, la politique, et la théorie.

Les États-Unis firent de leur mieux, en 1954, pour aider les réfugiés en provenance du Tonkin, et ils envoyèrent leurs conseillers en Cochinchine où leur nombre passa, au fil des ans, d'une poignée à quelque 21 000.

La première base communiste, politique et armée, fut établie à My Tho (près de Saïgon), en 1941. Ainsi, jusqu'en 1975, Ho Chi Minh et ses compagnons eurent trente quatre ans pour pénétrer en Cochinchine. Parfois, ils étaient bien accueillis par les habitants, ceux qui étaient neutres feignaient de regarder ailleurs, et ceux qui n'étaient pas d'accord risquaient fort pour leur vie.

Quand les troupes américaines arrivèrent, en 1955, sciemment ou non, elles s'enfoncèrent dans un bourbier. Des bases furent établies, mais derrières elles, le territoire était profondément infiltré, parfois même contrôlé, par le Viet Cong.

Au début de 1960, les États-Unis déclarèrent vouloir mener une « guerre d'endiguement », très semblable à la « guerre de pacification » française. Il s'agissait surtout d'expressions politiciennes qui sonnaient bien à l'oreille des diplomates. Cela me rappelait un passage du livre d'Oswald Spengler : *Untergang des Abendlandes (Déclin de l'Occident) : « Le choix est entre la victoire et la défaite, pas entre la guerre et la paix ».*

En 1961, les États-Unis signèrent un traité avec le Sud Viet Nam et, en 1962, établirent Le Commandement Américain d'Assistance Militaire. En 1963, le Général William Westmoreland arriva avec des renforts, pour redresser la situation. Bonne chose, mais l'armée nord vietnamienne continuer à déferler sur le Sud Vietnam, par la « route Ho Chi Minh », pour l'étrangler. Les affrontements armés et les actes de terrorisme se multipliaient, et le gouvernement Diem, agissant dans la confusion, conduisait à la création successive de commandements militaires particulièrement inefficaces .

Finalement, Nguyen Van Thieu fut élu président de la République du Sud Vietnam et conserva le pouvoir de 1965 à 1975, après avoir créé un gouvernement relativement stable. (Il quitta le pays peu de temps avant l'invasion communiste.) Au même moment, le Général William Westmoreland déclarait le plein engagement américain et, le 6 mars 1965, 3 500 marines arrivaient pour renforcer la stabilité.

Nous connaissons tous la théorie selon laquelle l'Armée américaine aurait pu soumettre le Nord Vietnam, le Viet Cong, et l'ensemble des territoires infiltrés, en les pulvérisant, mais cela aurait créé de graves problèmes internes aux États-Unis, comme en Chine, et les Soviets auraient désigné les Américains comme agresseurs.

Alors, devant l'échec de la « guerre d'endiguement », le commandement américain décida de la transformer en « guerre d'usure », tactique qu'utilisait déjà les communistes. Mais de nombreux obstacles s'opposaient à ce revirement, le plus important étant le temps nécessaire pour parvenir à son succès ! D'un côté comme de l'autre, les stratèges étaient coincés. Ho Chi Minh avait dit un jour aux Français : « Vous pouvez choisir de faire la guerre pendant vingt ans ou de venir discuter avec moi, devant une tasse de thé, et de faire la paix. »

Naturellement, il avait du utiliser d'autres termes pour exprimer cette proposition.

En janvier 1968, les communistes lancèrent, « par surprise », l'Offensive du Têt. La surveillance aérienne américaine avait observé des camions transportant quelque 80 000 soldats nord vietnamiens se dirigeant en direction du sud via la « route Ho Chi Minh », sans en analyser la destination exacte ! Or, les troupes sud vietnamiennes se trouvaient exceptionnellement au repos, en raison de la fête du Têt !

Il était notoire qu'à ces 80 000 soldats, devaient s'ajouter quelque 150 000 Viet Congs disséminés au Sud Vietnam ! Comment le Haut Commandement américain pouvait-il ignorer cette réalité ? Les troupes du nord attaquèrent « par surprise » les villes de Saïgon, de Hue, et de Danang. Sans qu'on les ait vues arriver ? Ni la surveillance aérienne, ni les patrouilles, ni les gardes-frontières, personne n'avait réagi devant cette invasion. Cette situation alarmante impliquait à la fois complicité et négligence.

Le Viet Cong avait attaqué la partie sud-est de Saïgon et, pour ce faire, avait du traverser la rivière Saïgon, en utilisant plusieurs ponts et des bateaux. Sans que personne ne voit les assaillants ? Il purent ainsi pénétrer jusqu'au centre de Saïgon, avant que la résistance ne s'organise ! Heureusement, les troupes américaines et l'armée vietnamienne qui achevait de célébrer la fête du Tet, réussirent à repousser le Viet Cong. Naturellement, les pertes furent sévères dans les deux camps.

A quelque chose près, le même scenario se produisit à Gia Dinh, Cholon, Hue, Da Nang, et à d'autres endroits. Les communistes furent battus dans ces engagements, mais les troupes américaines et sud-vietnamiennes, se retrouvèrent concentrées dans les villes et dans des bases, laissant la plus grande partie de la campagne aux mains et sous le contrôle de l'ennemi.

Les offensives de 1968 et de 1972 aggravèrent la situation politique aux États-Unis. Comment en était-on arrivé là ? Les événements d'Indochine avaient été discutés au plus au niveau du gouvernement, des partis politiques, du commandement militaire, de même que dans les médias. Pourtant, les mouvements contre la guerre du Vietnam n'avaient cessé de prospérer. A mon avis, et pour simplifier, la raison tient dans l'ignorance d'un certain nombre de règles, de la part des décideurs.

Dans une guerre, les opérations militaires doivent être soutenues par l'opinion publique intérieure. Ce n'était pas le cas aux États-Unis où les démonstrations contre la guerre du Vietnam débutèrent dès 1964, allant s'amplifiant jusqu'en 1975. Elles s'appuyaient sur différentes motivations :

- Paix éternelle partout

- Plus de guerres et plus de pertes civiles et militaires

- Plus d'envoi de troupes à l'extérieur. Plus d'intervention américaine dans les guerres étrangères

- Plus de colonialisme ; laisser le Vietnam faire son unité, par la voie « démocratique »

- Unité mondiale des travailleurs et création d'un gouvernement planétaire

- L'anarchie devant favoriser la résolution les problèmes mondiaux

Maintenant, imaginons une autre situation. Supposons que Ho Chi Minh, se soit appelé *Hitler*, que le général Giap, ait répondu au nom de *Himmler*, et que le Viet Cong ait été la *Waffen-SS* Les Vietnamiens auraient brandi des drapeaux marqués de la Croix Gammée, au lieu de ceux représentant une étoile communiste ! Combien de démonstrations anti-guerre auraient elles eu lieu aux États-Unis ? Aucune ! Au contraire, la nation tout entière, se serait unifiée pour combattre l' ennemi détesté !

Bien sûr, les raisons de l'avènement du nazisme en Allemagne, et celle du communisme au Viet-Nam, sont différentes, mais si l'hypothèse ci-dessus est inimaginable, elle permet de comprendre que la cause du rejet de l'opinion n'est pas la guerre, en elle-même, mais la personnalité de ceux contre qui cette guerre est déclarée ! La guerre contre les Nazis était naturelle, pas celle contre les communistes du Viet Cong. Alors, éliminons le mot guerre et concentrons-nous sur l'identification de l 'adversaire et sur l'origine des gens qui organisaient ces innombrables et massives démonstrations, aux États-Unis et même en dehors.

Des segments de notre société, occupant parfois des positions élevées dans l'éducation, ou la politique, s'alignaient sur la tradition de *l'esprit Illuminati*. Bien sûr, des siècles ont passé, mais l'attitude du *"Garde le silence, soit parfait, et dissimule tes sentiments"* est restée.

Furtivement, les tenants de cette doctrine, sous le masque de Karl Marx, relayèrent ses théories à l'intention de leurs étudiants, des politiciens, des syndicats, de la classe laborieuse, et même des militaires. Comme le mot *communisme* était devenu impopulaire, des organismes apparurent avec l'appellation P78. La liste suivante contient l'essentiel de leurs revendications :

° Nouvelle Gauche et néo mouvement marxiste

° Dr. Spock, célèbre membre de la Nouvelle Gauche

° *Students for a Democratic Society* (SDS), associés à la Nouvelle

Gauche et fondateurs du *Weather Underground* (Collectif américain de la gauche radicale)

° Parti de la Jeunesse Internationale, anarchistes

° Mouvement des Travailleurs Progressistes, communistes

° Parti des Travailleurs Socialistes, socialistes/marxistes

Ces organisations révolutionnaires militaient pour que les États-Unis abandonnent le Viet Nam et laissent s'établir la République Socialiste du Viet Nam, d' obédience communiste !

L'un de leurs principaux arguments était la cruauté supposée des militaires américains et sud-vietnamiens, envers la population civile sympathisante des communistes. Bien sûr, il n'était pratiquement pas fait mention des dizaines de milliers de civils vietnamiens anti communistes, qui étaient massacrés par le régime d'Ho Chi Minh, ni des millions d'entre eux qui avaient du fuir leur pays, laissant derrière eux leurs biens les plus précieux.

Au regard de ce qui s'était passé entre 1968 et 1973, trois alternatives pouvaient être envisagées :

° Stabiliser complètement le Sud Vietnam. Cela avait été tenté, sans succès, depuis 1945.

° Une « guerre éclair », par terre, mer, et air, prenant les villes de Haiphong, Hanoï, et le Delta de la Rivière Rouge, en un mois. Cela aurait pu être fait mais la guérilla et les démonstrations anti-guerre, à l'intérieure des États-Unis, auraient persisté jusqu'en 1991. (Désintégration de l'Union Soviétique.)

° Maintenir le statu quo, commencer à évacuer les troupes américaines en 1970, et laisser le gouvernement sud-vietnamien et son armée gérer au mieux la situation. C'est ce qu'il advint quand, le

15 août 1973, le vote du Congrès mit fin à l'engagement américain. Laissant un goût amer au regard des quelque 55 000 soldats américains morts au combat, et des quelque 150 000 d'entre eux, blessés en action.

Le gouvernement américain refusa donc toute assistance financière additionnelle, l'armée sud-vietnamienne se désintégra, et les communistes conquirent Saïgon et l'ensemble du Sud Vietnam, le 30 avril 1975. Exactement comme la France, en 1954, le retrait américain n'était pas motivé par un échec militaire, mais par des raisons politiques.

Conséquences en Algérie

Tandis que les troupes américaines combattaient avec bravoure en Indochine, entre les années 50 et les années 70, je me concentrais sur le tourisme de groupes, en particulier vers l'Europe et vers les Lieux Saints. En 1960, je déménageais à Boston, et en 1965, je fondais ma première entreprise. Nos groupes vers l'Italie et vers la Péninsule Ibérique connurent un grand succès qui m'incita à ouvrir un bureau à Rome. J'appréciais mes activités, voyageais beaucoup, et même si la plupart de ces voyages avaient une vocation commerciale, je prenais plaisir à découvrir des paysages inconnus, à échanger avec des gens de cultures différentes, et à admirer l'art et l'architecture de plusieurs pays.

Naturellement, je suivais les nouvelles du monde, notamment l'évolution de ce qu'il était convenu d'appeler : La Guerre d'Indépendance algérienne. J'avais toujours en mémoire le geste de ce garçon algérien, dans le port d'Oran, en 1949, mimant l'égorgement.

L'unité où je servis en Indochine, pendant trois ans, la 13ème DBLE, fut transférée du Tonkin en Cochinchine, en 1954, où elle stationna près du Cap Saint-Jacques. En 1955, elle fut rapatriée en Algérie où elle fut immédiatement engagée dans la guerre civile qui venait de débuter en 1954, pour finir en 1962. Cette guerre était en partie similaire à la guerre de guérilla menée en Indochine, mais encore plus complexe. La révolte algérienne fut initiée par le FLN (Front de Libération Nationale), qui devint l'adversaire principal de l'armée française.

Cependant, d'autres « révolutionnaires » en étaient également la cible, comme la population d'origine européenne désignée sous l'appellation « Pieds Noirs », et les Arabes favorables à l'Algérie Française. Peu à peu, ces Pieds Noirs, avec ou sans le concours des Arabes pro-français, organisèrent des actes de guérilla. Ils montèrent même de fausses attaques terroristes, afin d'inciter les gens à prendre les armes. Cette situation explosive entraîna boucherie et tortures. Des dizaines de milliers de vies furent sacrifiées parmi les militaires et les civils. Heureusement, l'armée française disposait d'éléments aguerris à travers la Légion Étrangère et les Parachutistes qui contribuèrent grandement à vaincre au moins théoriquement, le FLN, avant 1962.

La situation en France métropolitaine était également confuse. Bien que séparée d'elle par la Méditerranée, l'Algérie faisait partie intégrante de la France. Un peu comme Hawaï, par rapport aux États-Unis. L'Algérie n'était pas une colonie, même si elle était désignée ainsi par les partisans de l'indépendance.

Le gouvernement français, très fortement influencé par la gauche et notamment par le Parti Communiste, avec son soutien affiché du FLN, se montrait incapable de trouver une solution. Sous la pression des militaires et des partisans de l'Algérie Française, ce gouvernement dut démissionner, entraînant le retour du Général Charles de Gaulle au pouvoir. Hélas, l'espoir suscité par cette nomination fut de courte durée, et l'Algérie accéda à l'indépendance en 1962.

Cela donna lieu à un véritable exode. Après 132 ans de présence française, 352 000 Pieds-Noirs, d'origine européenne, et 91 000 Arabes pro-français voguèrent vers la France. Et, en raison des persécutions commises l'année suivante, 1,4 million de réfugiés supplémentaires quittèrent L'Algérie. Suivis, bien sûr, par l'armée française.

Les accords de 1962 garantissaient à tout Algérien de pouvoir circuler librement entre l'Algérie et la France. Il s'en suivit l'arrivée en Métropole, de millions de Musulmans dont le nombre ne cessa de croître.

Rétrospectivement, il apparaît que le rôle des partis communistes n'a pas beaucoup de sens, si ce n'est que, par tradition, ils soutiennent automatiquement les soulèvements des populations contre leur gouvernement, sauf, bien sûr, s'il s'agit d'un gouvernement communiste !
En Algérie, ils avaient les pires difficultés pour transformer les Musul-

mans en communistes et le Coran en *Das Kapital* ! A ce jour, on estime à seulement 0,25% , le nombre des Algériens se déclarant communistes, et ils ont même changé le nom de leur parti en Socialisme Démocratique. Un son plus familier ?

La première et la seconde guerre d'Indochine, de même que la guerre d'Algérie, me font penser à des événements historiques similaires qui ont eu lieu en Afrique du Nord, au cours du premier siècle avant JC. Jean Lartéguy, dans son livre « Les Centurions », reproduit la lettre suivante :

« On nous avait dit, quand nous quittâmes nos foyers, que nous partions pour défendre les droits sacrés que nous conféraient les citoyens de ce pays, de séjourner ici pour longtemps, afin d' apporter aux autochtones, le bénéfice de notre aide et de notre civilisation.

Nous constatâmes que tout cela était vrai, et pour cela, nous n'hésitâmes pas à verser notre sang et à sacrifier notre jeunesse et nos rêves. Nous n'avons aucun regret, mais alors que nous sommes animés par cet état d'esprit, j'ai entendu dire qu'à Rome, se succèdent des cabales et des complots qui favorisent la trahison. Que nombreux sont ceux qui, prêtant une oreille attentive à ces insinuations, sont tentés de suggérer notre retrait en diffamant notre action.

Je ne peux croire que tout cela soit vrai, mais les guerres récentes ont montré combien cet état d'esprit peut être pernicieux et jusqu' où il peut conduire. Alors, je te demande de me rassurer en me confirmant que les citoyens nous comprennent, qu'ils nous soutiennent et nous protègent, comme nous protégeons, nous-mêmes, la grandeur de l'Empire.

Dans le cas contraire, nous aurions en vain blanchi nos os dans le désert, et ils devraient subir la colère des Légions ! »

Marcus Flavinius
Centurion de la Seconde Cohorte de la Légion d' Auguste,
à son cousin Tertullus, à Rome.

Comme la Légion Romaine d'Auguste, obligée de quitter l'Afrique du Nord, on constate que, plusieurs siècles plus tard :

° La Légion Étrangère dut quitter l'Indochine sur la pression d'un gouvernement de gauche et des communistes,

° L'Armée Américaine dut quitter le Vietnam sur la pression incessante et les démonstrations des organisations de gauche,

° La Légion Étrangère, bien que victorieuse sur le terrain, dut quitter l'Algérie pour des motifs politiques.

Ils ont tous laissé leurs blancs ossements dans le désert. Peut-on attendre la colère des Légions ? Oui, dans nos esprits, dans nos cœurs, et « jusqu'à l'Apocalypse ! » Les guerres vont et viennent, changeant le cours de l'humanité, pour le meilleur et pour le pire. Ne restent alors que l'honneur et la fidélité à notre sang, à nos traditions, et à notre culture.

- * -

L'analyse de Jean Aurimond[1] sur la réaction du Peuple Français à l'égard des guerres d'Indochine et d'Algérie

Quand la 2ème Division Blindée (2ème DB) du Général Philippe de Hauteclocque, plus connu sous le nom de Général Leclerc, débarque à Haïphong, le 6 mars 1945, elle est accueillie à bras ouverts par les Français d'Indochine et par les dizaines de milliers de Vietnamiens restés fidèles à la France. En métropole, après l'humiliante défaite de juin 1940, suivie par 4 années d'occupation, puis par le sursaut national suscité par le Général de Gaulle, la tendance est à l'euphorie de la victoire et aux rêves d'une vie meilleure, dans la paix retrouvée.

Les échos de ce début de reconquête de l'Indochine, considérée par les Français comme la « Perle de leurs colonies », sont ressentis plutôt favorablement, à tout le moins dans une certaine indifférence, par l'opinion métropolitaine.L'évolution de la situation, qui va dégénérer rapidement en une véritable guerre, change la donne. Alimentée par la propagande du Parti Communiste Français, sorti fortifié de la Deuxième Guerre Mondiale, et entièrement aux ordres de l'URSS, le rejet de cette guerre d'Indochine, bientôt considérée comme une guerre coloniale, une « sale guerre », devient de plus en plus évident.

Le système des partis de la 4ème République, fragilisant les gouvernements successifs, ne fera rien pour éclaircir les raisons de notre intervention extrême-orientale. Sous couvert de rétablir la souveraineté française dans cette partie de son Empire colonial, il s'agissait pourtant, pour notre pays, de lutter contre l'extension du communisme international.

1 En 1954, alors qu'il fréquentait encore la Faculté de Droit, Jean Aurimond a rencontré à Paris, Michael Kaponya. Une solide amitié est née entre les deux hommes qui a perduré jusqu'à aujourd'hui.

Le 7 mai 1954, l'annonce de la chute du camp retranché de Diên Biên Phu, sonnant le glas de la présence française en Indochine, est accueillie plutôt favorablement par l'opinion métropolitaine. Qu'importe si la valeur des soldats français, de toutes origines, y compris des Légionnaires, n'est pas en cause ! (La défaite devant le Viet Minh relevant avant tout d'une erreur stratégique du Commandement Militaire, et notre retrait, de raisons politiques.) Pour une majorité de Français, le processus qui va conduire à la fin de cette première guerre d'Indochine, est ressenti avec un certain soulagement.

Pourtant, cette défaite militaire est avant tout un échec politique et diplomatique qui va très vite avoir des conséquences sur l'ensemble de l'Empire Français. Dès le 1er novembre 1954, des soulèvements tragiques, plus connus sous le nom de « Toussaint sanglante », vont avoir lieu en Algérie et vont servir de tremplin à une révolte qui va, peu à peu, se transformer en véritable guerre !

La réaction de la Métropole va être très différente de celle concernant l'Indochine.En effet, il ne s'agit pas là d'une colonie lointaine aux résonances exotiques (...) mais d'un véritable Département Français, où le drapeau tricolore flotte depuis plus d'un siècle et où vivent plus d'un million de Français (Métropolitains et Pieds Noirs), aux côtés de quelque 8 millions de Maghrébins.

Ce n'est pas un Corps Expéditionnaire mais une véritable armée, composée de militaires d'active (dont la fameuse Légion Étrangère) et d'appelés qui vont, de plus en plus nombreux, grossir les rangs des quelque 500 000 hommes engagés dans une guerre sans merci avec le FNL.

Mis à part les communistes, l'ensemble de la classe politique et la majorité de la population métropolitaine vont soutenir cette lutte armée contre la barbarie (réelle) des fellaghas ! Au début du conflit, c'est d'ailleurs un Président du Conseil socialiste, Guy Mollet, qui se révélera partisan inconditionnel de l'Algérie Française !

La guerre d'Algérie va durer 8 années et engendrer de très nombreuses victimes, dans les deux camps. Quand, en 1958, le Général de Gaulle revient au pouvoir, nombreux sont ceux, en Algérie (y compris chez les Algériens modérés) et en métropole, qui vont croire à un règlement pacifique du conflit. Sur le terrain, l'Armée Française a indubitablement vaincu les rebelles. Tout le monde, ou presque, croît à la pérennité de la présence française dans une Algérie pacifiée et dotée de nouvelles structures politiques et sociales.

Cependant, l'époque n'est plus aux colonies qui ont fait florès au 19ème siècle. Pour la France et pour la Grande Bretagne, c'est le début d'un processus qui va conduite inexorablement à la disparition de leur Empire Colonial. Ce démantèlement aurait pu, aurait du, se dérouler de manière pacifique. Les anciens colonisateurs et les anciens colonisés auraient pu se retrouver au sein d'un ensemble bâti sur de nouvelles bases et selon de nouvelles règles. Mais la folie des hommes...

En Algérie, nombreux sont les Pieds Noirs qui n'acceptent pas de quitter ce qu'ils considèrent très justement comme leur pays natal. Les plus extrémistes vont mettre sur pied l'OAS (Organisation de l'Armée Secrète) qui va se livrer à de sanglants attentats contre les Musulmans, compromettant gravement les accords de coopération qui avaient été laborieusement mis au point à la Conférence d'Evian, sur l' indépendance algérienne.

Cette même OAS devait d'ailleurs commettre plusieurs attentats contre le Général de Gaulle, dont les plus marquants eurent lieu à Pont sur Seine (Aube), le 8 septembre 1961, et au Petit Clamart, près de Paris, le 22 août 1962. Dans les deux cas, ces tentatives d'assassinat échouèrent et virent le Général réagir avec le même flegme qu 'il afficha le 26 août 1944, au milieu des balles allemandes tirées depuis les toits, alors qu'il s'apprêtait à entrer dans la Cathédrale Notre Dame de Paris, pour y entendre le Te Deum...

Certains ont vu une trahison dans la décision du Général de Gaulle de mettre en place un référendum qui, en 1962, allait ouvrir la voie à l'indépendance de l'Algérie. De mon point de vue, c'est mal connaître le personnage qui a tout simplement fait preuve de clairvoyance politique. Pour moi, il reste l'homme qui a su, de concert avec le Chancelier Adenauer, jeter les bases de la réconciliation franco-allemande, et qui, par deux fois, en juin 1940, et en mai 1958, a su redresser la France et lui restituer son rang au sein des grandes nations.

Indochine, Algérie, la boucle est bouclée !

Que cette indépendance, doublement mal engagée, ne fasse pas oublier le rôle joué par les soldats français, notamment par les Légionnaires.

En 1988, Jacques Chirac, alors Premier Ministre, déclarait : « *Les hommes qui ont combattu en Indochine ont droit à notre estime et à notre admiration... Ils ont combattu et dans bien des cas ont souffert à un point qu'il est difficile de comprendre, pour que survivent les valeurs essentielles que nous appelons Honneur et Liberté...* ».

Personnellement, comme de nombreux autres Français et de nombreux Autochtones, je regrette que les homme de bonne volonté n'aient pas su faire taire leurs querelles et bâtir ensemble un avenir commun. On peut, par exemple, se prendre à rêver d'une Indochine qui, de « Perle de nos Colonies » serait devenue une Nation Sœur, indépendante mais en même temps si proche, culturellement, économiquement, et politiquement...

Jean Aurimond

- * -

Vie en Nouvelle Angleterre, rencontre avec le Général Westmoreland, History Channel

Depuis mon enfance, la chasse a été l'une de mes activités favorites. Ce penchant a commencé quand, petit garçon, avec mes amis, je confectionnais des nœuds coulants et des flèches, pour chasser, sans grand succès, des lapins . Des années plus tard, un ami de la famille, officier à la retraite, m'entraîna à la chasse aux oies et m'apprit comment tenir une carabine . D'autre part, l'un de mes amis, dont le père administrait une énorme propriété agricole, nous donna l'occasion de tirer des pigeons sauvages dont nous nous régalions !!

Quand j'étais aux États-Unis et que j'en trouvais le temps, je fis un maximum de battues dans les forêts situées au nord du Maine, de même qu'au Montana, en Colombie Britannique, et au nord du Québec. Marcher dans la forêt me rappelait souvent mes activités d'éclaireur en Cochinchine et une ressemblance avec le temps de la guérilla..Quand vous traversez une forêt connue pour abriter de nombreux oiseaux, il vous arrive d'être là au bon moment quand, rompant le silence, une série d'envols a lieu. Soudain, une cible apparaît, et vous faites feu. Le premier sang versé en appelle d'autres. C'est comme dans la guérilla quand vous cherchez des combattants dans la jungle.

Étonnamment, mon expérience de la chasse allait favoriser mon activité commerciale. Dans les années 70, la valeur du dollar américain chuta sensiblement, augurant une baisse sensible du tourisme à l'extérieur, et donc de ma principale activité. Je décidais alors de me tourner vers l'organisation de voyages aux États-Unis, à l'intention des chasseurs européens séduits par l'idée de réaliser quelques beaux trophées dans les forêts giboyeuses d'Amérique du Nord. Bien sûr, ce projet était plus facile à dire qu'à faire, mais finalement, je réussis à organiser des voyages dédiés à la chasse, depuis toute l'Europe. Et bien que mon activité principale consista à promouvoir et à coordonner ces véritables safaris nord-américains, il m'arriva aussi de servir de guide officiel pour les séjours prévus dans le Maine.

C'est durant cette période que je pris contact avec Rand McNally & Company, une compagnie suisse qui avait acquis récemment un bel hôtel établi sur la côte. Il était dans ses intentions d'acquérir un camping de luxe situé au cœur de la forêt profonde du Maine. Approché pour éventuellement diriger cet ensemble, y compris son volet sécurité, je fus invité à participer à une réunion d'évaluation, et je me rendis sur place en hélicoptère privé. Je fus surpris par la classe de cette réalisation, son confort, et ses aménagements intérieurs, notamment les cuisines. La salle à manger n'avait rien à envier à celle d'un hôtel 5 étoiles !
A ma grande surprise, parmi les personnes présentes, je reconnu le Général William Westmoreland, retraité de l'Armée Américaine.

Le lendemain matin, le hasard me fit partager la table du Général Westmoreland pour le petit déjeuner. Durant notre conversation informelle, je mentionnais au général que j'avais servi dans la Légion Étrangère Française, en Indochine, pendant trois ans. Il me demanda quel avait été mon grade et je lui dis que j'étais caporal chef. Il inclina lentement la tête et je n'oublierai jamais l'expression de son visage et de son regard, chargés de compréhension, d'amitié, et de respect. Notre conversation prit alors une autre direction qui nous permit de parler à cœur ouvert.

Quelques semaines plus tard, je fus informé par les hôteliers suisses qu'ils ne donnaient pas suite à leur projet. Je n'eus jamais la moindre idée du pourquoi de la présence du Général Westmoreland et des autres officiers (Autant que je me le rappelle, aucun d'eux n'était en uniforme), à cette réunion dans la forêt profonde du Maine. Mais je garde un sentiment de fierté pour avoir été pressenti afin de diriger un si bel ensemble et pour avoir eu le privilège de rencontrer le célèbre général.

Attrait de la nature ? Quelques années après, je déménageais dans le Maine. Cela n'affectait en rien mon activité professionnelle puisque, à cette époque, je travaillais essentiellement avec des organisations religieuses et éducatives. For heureusement, car le cours du dollar ayant fortement remonté, il était devenu plus rentable, pour les chasseurs européens, de fréquenter les Balkans ou les montagnes de l'Oural...

Alors que j'écris ces lignes, il me revient en mémoire un événement particulier. Pendant mon service à la Légion, je visitais deux fois le Maroc, ainsi que Marseille et la Côte d'Azur. Et mon séjour au Vietnam me fournit l'occasion de visiter la Chine. Quelques années plus tard, dans les années 60, alors que je travaillais comme agent de voyage, à New York, je fus invité à participer à une visite de découverte du Nigeria. Ce fut une expérience fascinante, combinant cultures, folklore, et spectacles. Au retour, sur un vol de nuit entre Lagos et Londres, nous survolions le désert du Sahara algérien. J'étais assis près du hublot et je voyais le ciel éclairé par des milliers d'étoiles. A l'inverse, le sol, à cette altitude, paraissait bien sombre. Soudain, des lumières apparurent dans le désert. Au micro, le commandant de bord prit la parole pour nous annoncer que ces lumières étaient émises par un fort de la Légion Étrangère. Je fus aussitôt submergé par l'émotion, et mon cœur battit plus fort, à la pensée de mes camarades qui, loin de toutes civilisations, montaient la garde, depuis plus d'un siècle, dans ces immenses contrées désertiques ! Et je pensais aux liens indéfectibles qui nous unissent pour toujours, nous les Légionnaires !

La forteresse Sahara.

En 1997, je reçus un appel de History Channel m'informant qu'un représentant de l'Ambassade de France, à Washington, leur avait signalé mon appartenance à la Légion Étrangère Française, ajoutant que je pourrais sans doute leur apporter mon témoignage. J'appris que la personne de l'Ambassade était un proche de l'un de mes vieux amis, à Paris. Le collaborateur de History Channel m'expliqua qu'ils travaillaient sur une série de documentaires intitulés : « *Warrior Traditions* » (Traditions du Guerrier), et que la Légion Étrangère Française en faisait partie. Ils avaient contacté le quartier général de la Légion, à Aubagne, mais il semblait que celui-ci ne soit pas intéressé. Ils s' étaient alors tournés vers l'Ambassade de France, à Washington, et cette dernière leur avait conseillé de m'approcher.
Il me demanda, alors, si je serais intéressé à apparaître dans le film, en y formulant mes opinions.

Je réfléchis rapidement et arrivais à la conclusion qu'il serait utile, pour la Légion et pour mes camarades légionnaires, de collaborer à l'élaboration de ce documentaire, en m'assurant que leur réputation et que la vérité sur leurs règles seraient bien respectées. J'acceptais donc de rencontrer l'équipe de History Channel, à Boston, pour un long entretien filmé. La première présentation de cette interview à la télévision, eut lieu le 2 mars 1998. Animée par le présentateur Roger Mudd, elle rencontra un grand succès. Le documentaire décrivait l'histoire de la Légion Étrangère Française, en insistant sur ses faits d'armes, au 19ème siècle : conquête de l'Algérie, du Mexique, la Première et la Seconde Guerre Mondiale, la guerre d'Indochine, et la guerre d'Algérie. J'eus le plaisir d'apparaître, à plusieurs reprises, dans le film, afin d'y fournir des explications et d'y donner mon opinion.

Tous les événements historiques décrits dans le présent ouvrage m'ont inspiré, pour décrire mon histoire personnelle et celle de mes camarades.

\- * -

Épilogue

Extraits du Livre d'Or, de 1958, de la Légion Étrangère Française :

Pour ceux qui s'intéressent à la psychologie militaire, avec l'intention de pénétrer et de comprendre l'âme d'un soldat professionnel, la Légion offre un vaste champ d'investigation. Mais son accès est ardu car il aborde un monde quelque peu secret et mystérieux, où les moines sont aussi des soldats.

Certes, nous pouvons observer sa présence, ses parades, son apparence impeccable, ses musées, et ses monuments, mais tout cela n'ouvre pas la porte de « l'âme de la Légion », cette âme impénétrable qui masque ses richesses humaines. Malgré cet environnement mystérieux, certains restent convaincus que la Légion est un bouclier contre la médiocrité universelle.

Avec les monastères, la Légion est le dernier refuge pour ceux qui portent dans leur cœur, ce qu'ils aimeraient être et ce qu'ils peuvent devenir. La psychologie d'un Légionnaire doit être approchée prudemment. Ardents caractères tentés par l'aventure, recherchant un cadre à leurs rêves, partageant avec les autres la fierté, les aspirations secrètes, les mêmes besoins ; inspirés par les mêmes mâles idéaux physiques et moraux.

Jamais, aucune garde royale, qu'elle soit celle d'un Empereur, d'un Monarque, du Pape, ou d'un Sultan, jamais aucun régiment, orné d'or, drapé dans l'azur ou le rouge, n'empruntera un chemin plus viril et plus glorieux que celui de la Légion Étrangère Française !

L'ancien Légionnaire, Michael Kaponya, évoque son engagement et ses combats en Indochine, de 1949 à 1952, quand il était stationné en Cochinchine et au Tonkin.

L'auteur qui, depuis la fin de son service à la Légion, vit aux États-Unis, porte également son regard sur les événements survenus en France, après la fin de la première guerre d'Indochine, et sur l'entrée en guerre des Américains dans ce qu'il est convenu d'appeler la Guerre du Viet Nam, qui vit l'implication des États-Unis, au Sud-Est asiatique.

Dans ce récit autobiographique passionnant, Michael nous entraîne dans les marécages du Delta du Mékong, comme dans la jungle et sur le sol jaunâtre du Tonkin. En même temps,il témoigne des liens de solidarité existant entre les Légionnaires, originaires de différents pays, mais indéfectiblement unis sous le drapeau français, avec la devise latine :

Legio Patria Nostra
(La Légion, notre Mère Patrie)

Traduit de l'anglais (américain)
par Jean Aurimond

- * -

Disponible à Epee Edition :

Algérie, le jeune allemand Volker Lordick a 18 ans. Son livre n'est pas un récit de guerre, mais un rapport autobiographique d'un jeune homme « de bonne famille » qui s'engage à la Légion Étrangère, de ses expériences et dangers, son parcours jusqu'au grade de sergent, et de la fin de « l'Algérie française ». Que du vécu, rien d'inventé. Un récit très émouvant, où l'humour n'en est pas absent, et les remarques critiques ou les allusions au contexte politique n'y ont rien de fastidieux. Les photos pour illustrer le texte sont toutes de l'auteur. Et la façon dont il décrit l'Algérie « ce pays magnifique entre la mer et le désert » qui restera à jamais gravé dans son cœur, n'a rien de la langue des mercenaires.

ISBN 978-3-943288-20-9

Volker Lordick
Légionnaire en Algérie
Biographie - Légion étrangère
Livre ou eBook

Commandez facilement chez *www.epee-edition.com.*